漢蘭臺令史 班固 撰
唐祕書少監 顏師古 注

漢書

第五册

卷二六至卷二七(志二)

中華書局

漢書卷二十六

天文志第六

凡天文在圖籍昭昭可知者，經星常宿中外官凡百一十八名，積數七百八十三星，皆有州國官宮物類之象。其伏見蚤晚，邪正存亡，虛實闊陿，〔一〕及五星所行，合散犯守，陵歷鬭食，〔二〕彗孛飛流，日月薄食，〔三〕暈適背穴，抱珥虹蜺，〔四〕迅雷風祅，怪雲變氣：此皆陰陽之精，其本在地，而上發于天者也。政失於此，則變見於彼，猶景之象形，鄉之應聲。〔五〕是以明君覩之而寤，飭身正事，思其咎謝，則禍除而福至，自然之符也。

〔一〕孟康曰：「伏見蚤晚，謂五星也。日月五星下道爲邪。存謂列宿不虧也，亡謂恆星不見。虛實，若天牢星實則囚多，虛則開出之屬也。闊陿，若三台星相去遠近也。」

〔二〕孟康曰：「合，同舍也。散，五星有變則其精散爲祅星也。犯，七寸以內光芒相及也。陵，相冒過也。食，星月相陵，不見者則所蝕也。」韋昭曰：「自下往觸之曰犯，居其宿曰守，經之爲歷，突掩爲陵，星相擊爲鬭也。」

〔三〕張晏曰：「彗所以除舊布新也。孛氣似彗。飛流謂飛星流星也。」孟康曰：「飛，絕迹而去也。流，光迹相連也。日月無光曰薄。京房易傳曰日月赤黃爲薄。或曰不交而食曰薄。」韋昭曰：「氣往迫之爲薄，虧毀曰食也。」

〔四〕孟康曰：「〔皆〕〔暈〕，日旁氣也。適，日之將食先有黑之變也。背，形如背字也。穴多作鐍，其形如玉鐍也。抱，氣向日也。珥，形點黑也。」如淳曰：「暈讀曰運。虹或作虹。蜺讀曰齧。螮蝀謂之虹，表云雄爲虹，雌爲蜺。凡氣〔食〕〔在〕日上爲冠爲戴，在旁直對爲珥，在旁如半環向日爲抱，向外爲背。有氣刺日爲鐍。鐍，抉傷也。」

〔五〕師古曰：「鄉讀曰嚮。」

中宮天極星，其一明者，泰一之常居也，旁三星三公，或曰子屬。後句四星，末大星正妃，餘三星後〔官〕〔宮〕之屬也。環之匡衞十二星，藩臣。皆曰紫宮。

前列直斗口三星，隨北耑銳，若見若不見，曰陰德，或曰天一。紫宮左三星曰天槍，右四星曰天棓。〔一〕後十七星絕漢抵營室，曰閣道。

〔一〕蘇林曰：「音棓打之棓。」師古曰：「棓音白講反。」

北斗七星，所謂「旋、璣、玉衡以齊七政」。杓攜龍角，〔一〕衡殷南斗，魁枕參首。〔二〕用昏建者杓；杓，自華以西南。〔三〕夜半建者衡；衡，殷中州河、濟之間。〔四〕平旦建者魁；魁，海岱以東北也。〔五〕斗爲帝車，運于中央，臨制四海。分陰陽，建四時，均五行，移節度，定諸紀，皆繫於斗。

〔一〕孟康曰：「杓，斗柄也。龍角，東方宿也。攜，連也。」

〔二〕晉灼曰：「衡，斗之中央。殷，中也。」

〔三〕孟康曰：「傳曰『斗第七星法太白，主杓，斗之尾也』。尾爲陰，又其用昏，昏陰，位在西方，故主西南。」

〔四〕孟康曰：「假令杓昏建寅，衡夜半亦建寅也。」

〔五〕孟康曰：「傳曰『斗魁第一星法爲日，主齊』。魁，斗之首；首，陽也，又其用在明，陽與明，德在東方，故主東北方。」

斗魁戴筐六星，曰文昌宮：〔一〕一曰上將，二曰次將，三曰貴相，四曰司命，五曰司祿，六曰司災。在魁中，貴人之牢。〔二〕魁下六星兩兩而比者，曰三能。〔三〕三能色齊，君臣和；不齊，爲乖戾。柄輔星，〔四〕明近，輔臣親彊；斥小，疏弱。〔五〕

〔一〕晉灼曰：「似筐，故曰戴筐。」

〔二〕孟康曰：「傳曰『天理四星在斗魁中』。貴人牢名曰天理也。」

〔三〕蘇林曰：「能音台。」

〔四〕孟康曰：「在北斗第六星旁。」

〔五〕蘇林曰：「斥，遠也。」

杓端有兩星：一內爲矛，招搖；〔一〕一外爲盾，天鋒。〔二〕有句圜十五星，屬杓，曰賤人之牢。牢中星實則囚多，虛則開出。

〔一〕孟康曰：「近北斗者招搖，招搖爲天矛。」晉灼曰：「梗河三星，天矛、鋒、招搖，一星耳。」

〔二〕晉灼曰：「外，遠北斗也。在招搖南，一名天鋒。」

天一、槍、棓、矛、盾動搖，角大，兵起。〔一〕

〔一〕李奇曰：「角，芒角。」

東宮蒼龍，房、心。心爲明堂，大星天王，前後星子屬。不欲直；直，王失計。房爲天府，曰天駟。其陰，右驂。旁有兩星曰衿。衿北一星曰舝。〔一〕東北曲十二星曰旗。旗中四星曰天市。天市中星衆者實，其中虛則耗。房南衆星曰騎官。

〔一〕晉灼曰：「舝，古轄字。」

左角，理；右角，將。大角者，天王帝坐廷。其兩旁各有三星，鼎足句之，曰攝提。〔一〕攝提者，直斗杓所指，以建時節，故曰「攝提格」。亢爲宗廟，主疾。其南北兩大星，曰南門。氐爲天根，主疫。尾爲九子，曰君臣；斥絕，不和。箕爲敖客，后妃之府，曰口舌。火犯守角，則有（戟）〔戰〕。房、心，王者惡之。

〔一〕晉灼曰：「如鼎足之句曲也。」

南宮朱鳥，權、衡。〔一〕衡，太微，三光之廷。筐衞十二星，藩臣：西，將；東，相；南四星，執法；中，端門；左右，掖門。掖門內六星，諸侯。其內五星，五帝坐。後聚十五星，曰哀烏郎位；旁一大星，將位也。月、五星順入，軌道，司其出，所守，天子所誅也。其逆入，若不軌道，以所犯名之；中坐，成形，〔二〕皆羣下不從謀也。金、火尤甚。廷藩西有隨星四，名曰少微，士大夫。權，軒轅，黃龍體。〔三〕前大星，女主象；旁小星，御者後宮屬。月、五星守犯者，如衡占。

〔一〕孟康曰：「軒轅爲權，太微爲衡也。」

〔二〕晉灼曰：「中坐，犯帝坐也。成形，禍福之形見。」

〔三〕孟康曰：「形如騰龍。」

東井爲水事。火入之，一星居其左右，天子且以火爲敗。東井西曲星曰戉；北，北河；南，南河；兩河、天闕間爲關梁。輿鬼，鬼祠事；中白者爲質。〔一〕火守南北河，兵起，穀不登。故德成衡，觀成潢，〔二〕傷成戉，〔三〕禍成井，〔四〕誅成質。〔五〕

〔一〕晉灼曰：「輿鬼五星，其中白者爲質。」

〔二〕晉灼曰：「日、月、五星不軌道也。衡，太微廷也。觀，占也。潢，五潢，五帝車舍也。」

〔三〕晉灼曰：「賊傷之占，先成形於戉。」

〔四〕晉灼曰：「東井主水事，火入，一星居其旁，天子且以火敗，故曰禍也。」

〔五〕晉灼曰：「熒惑入輿鬼天質，占曰大臣有誅。」

柳爲鳥喙，主木草。七星，頸，爲員宮，主急事。張，嗉，爲廚，主觴客。翼爲羽翮，主遠客。

軫爲車，主風。其旁有一小星，曰長沙，星星不欲明；明與四星等，若五星入軫中，兵大起。軫南衆星曰天庫，庫有五車。車星角，若益衆，及不具，亡處車馬。

西宮咸池，曰天五潢。五潢，五帝車舍。火入，旱；金，兵；水，水。中有三柱；柱不具，兵起。

奎曰封豨，爲溝瀆。婁爲聚衆。胃爲天倉。其南衆星曰廥積。〔一〕

〔一〕如淳曰：「芻稾積爲廥也。」

昴曰旄頭，胡星也，爲白衣會。畢曰罕車，爲邊兵，主弋獵。其大星旁小星爲附耳。附耳搖動，有讒亂臣在側。昴、畢間爲天街。其陰，陰國；陽，陽國。〔一〕

〔一〕孟康曰：「陰，西南，象坤維，河山已北國也。陽，河山已南國也。」

參爲白虎。三星直者，是爲衡石。〔一〕下有三星，銳，曰罰，〔二〕爲斬艾事。其外四星，左右肩股也。小三星隅置，曰觜觿，爲虎首，主葆旅事。〔三〕其南有四星，曰天廁。天廁下一星，曰天矢。矢黃則吉，青、白、黑，凶。其西有句曲九星，三處羅列：一曰天旗，二曰天苑，三曰九斿。其東有大星曰狼，狼角變色，多盜賊。下有四星曰弧，直狼。比地有大星，曰南極老人。〔四〕老人見，治安；不見，兵起。常以秋分時候之南郊。

〔一〕孟康曰：「參三星者，白虎宿中，東西直，似稱衡也。」

〔二〕孟康曰：「在參閒，上小下大，故曰銳。」晉灼曰：「三星小，邪列，無銳形也。」

〔三〕如淳曰：「關中俗謂桑榆櫱生爲葆。」晉灼曰：「禾野生曰旅，今之飢民采旅也。」宋均曰：「葆，守也。旅，軍旅也。言佐參伐斬艾除凶也。」

〔四〕晉灼曰：「比地，近地也。」

北宮玄武，虛、危。危爲蓋屋；〔一〕虛爲哭泣之事。〔二〕其南有衆星，曰羽林天軍。〔三〕軍西爲壘，或曰戉。旁一大星，北落。北落若微亡，軍星動角益稀，及五星犯北落，入軍，軍起。火、金、水尤甚。火入，軍憂；水，水患；木、土，軍吉。〔四〕危東六星，兩兩而比，曰司寇。

〔一〕宋均曰：「危上一星高，旁兩星下，似蓋屋也。」

〔二〕宋均曰：「蓋屋之下中無人，但空虛，似乎殯宮，故主哭泣也。」

〔三〕宋均曰：「虛、危、營室，陰陽終始之處，際會之間，恆多姦邪，故設羽林爲軍衞。」

〔四〕孟康曰：「木星、土星入北落，軍則吉也。」

營室爲清廟，曰離宮、閣道。漢中四星，曰天駟。旁一星，曰王梁。王梁策馬，車騎滿野。旁有八星，絕漢，曰天橫。天橫旁，江星。江星動，以人涉水。

杵、臼四星，在危南。匏瓜，有青黑星守之，魚鹽貴。

南斗爲廟，其北建星。建星者，旗也。牽牛爲犧牲，其北河鼓。河鼓大星，上將；左，左將；右，右將。婺女，其北織女。織女，天女孫也。

歲星〔一〕曰東方春木，於人五常仁也，五事貌也。仁虧貌失，逆春令，傷木氣，罰見歲星。歲星所在，國不可伐，可以伐人。超舍而前爲贏，退舍爲縮。贏，其國有兵不復；縮，其國有憂，其將死，國傾敗。所去，失地；所之，得地。一曰，當居不居，國亡；所之，國昌；已居之，又東西去之，國凶，不可舉事用兵。安靜中度，吉。出入不當其次，必有天祆見其舍也。

〔一〕晉灼曰：「太歲在四仲，則歲行三宿；太歲在四孟、四季，則歲行二宿。二八十六，三四十二，而行二十八宿。十二歲而周天。」

歲星贏而東南，〔一〕石氏「見彗星」，甘氏「不出三月乃生彗，本類星，末類彗，長二丈」。贏東北，石氏「見覺星」，甘氏「不出三月乃生天棓，本類星，末銳，長四尺」。縮西南，〔二〕石氏「見欃雲，如牛」，〔三〕甘氏「不出三月乃生天槍，左右銳，長數丈」。縮西北，石氏「見槍雲，如馬」，甘氏「不出三月乃生天欃，本類星，末銳，長數丈」。石氏「槍、欃、棓、彗異狀，其殃一也，必有破國亂君，伏死其辜，餘殃不盡，爲旱凶飢暴疾」。至日行一尺，出二十餘日乃入，甘氏「其國凶，不可舉事用兵」。出而易，「所當之國，是受其殃」。又曰「祅星，不出三年，其下有軍，及失地，若國君喪」。

〔一〕孟康曰：「五星東行，天西轉。歲星晨見東方，行疾則不見，不見則變爲祅星。」

〔二〕孟康曰：「歲星當伏西方，行遲早沒，變爲祅星也。」

〔三〕韋昭曰：「欃音參差之參。」

熒惑〔一〕曰南方夏火，禮也，視也。禮虧視失，逆夏令，傷火氣，罰見熒惑。逆行一舍二舍爲不祥，居之三月國有殃，五月受兵，七月國半亡地，九月地太半亡。因與俱出入，國絕祀。熒惑爲亂爲〔成〕〔賊〕，爲疾爲喪，爲飢爲兵，所居之宿國受殃。殃還至者，雖大當小；居之久殃乃至者，當小反大。已去復還居之，若居之而角者，若動者，繞環之，及乍前乍後，乍左乍右，殃愈甚。一曰，熒惑出則有大兵，入則兵散。周還止息，乃爲其死喪。寇亂在其野者亡地，以戰不勝。東行疾則兵聚于東方，西行疾則兵聚于西方；其南爲丈夫喪，北爲女子喪。熒惑，天子理也，故曰雖有明天子，必視熒惑所在。

〔一〕晉灼曰：「常以十月入太微，受制而出，行列宿，司無道，出入無常也。」

太白〔一〕曰西方秋金，義也，言也。義虧言失，逆秋令，傷金氣，罰見太白。日方南太白居其南，日方北太白居其北，爲贏，侯王不寧，用兵進吉退凶。日方南太白居其北，日方北太白居其南，爲縮，侯王有憂，用兵退吉進凶。當出不出，當入不入，爲失舍，不有破軍，必有死王之墓，有亡國。一曰，天下匽兵，壄有兵者，所當之國大凶。當出不出，未當入而入，天下匽兵，兵在外，入。未當出而出，當入而不入，天下起兵，有至破國。未當出而出，未當入而入，天下舉兵，所當之國亡。當期而出，其國昌。出東爲東方，入爲北方；出西爲西方，入爲南方。所居久，其國利；易，其鄉凶。〔二〕入七日復出，將軍戰死。入十日復出，相死之。入又復出，人君惡之。已出三日而復微入，三日乃復盛出，是爲耎而伏，〔三〕其下國有軍，其衆敗將北。已入三日，又復微出，三日乃復盛入，其下國有憂，帥師雖衆，敵食其糧，用其兵，虜其帥。出西方，失其行，夷狄敗；出東方，失其行，中國敗。一曰，出蚤爲月食，晚爲天祆及彗星，將發於亡道之國。

〔一〕晉灼曰：「常以正月甲寅與熒惑晨出東方，二百四十日而入。入四十日又出西方，二百四十日而入。入三十五日而復出東方。出以寅戌，入以丑未也。」

〔二〕蘇林曰：「疾過也。一說，易鄉而出入也。」晉灼曰：「上言『出而易』，言疾過是也。」

〔三〕晉灼曰：「耎，退也。不進而伏，伏不見也。」

太白出而留桑榆間，病其下國。〔一〕上而疾，未盡期日過參天，病其對國。〔二〕太白經天，天下革，民更王，〔三〕是爲亂紀，人民流亡。晝見與日爭明，彊國弱，小國彊，女主昌。

〔一〕晉灼曰：「行遲而下也。正出，舉目平正。出桑榆上，餘二千里也。」

〔二〕晉灼曰：「三分天過其一，此戌酉之間也。」

〔三〕孟康曰：「謂出東入西，出西入東也。太白，陰星，出東當伏東，出西當伏西，過午爲經天。」晉灼曰：「日，陽也；日出則星亡。晝見午上爲經天。」

太白，兵象也。出而高，用兵深吉淺凶；埤，淺吉深凶。行疾，用兵疾吉遲凶；行遲，用兵遲吉疾凶。角，敢戰吉，不敢戰凶；擊角所指吉，逆之凶。進退左右，用兵進退左右吉，靜凶。圜以靜，用兵靜吉趮凶。出則兵出，入則兵入。象太白吉，反之凶。赤角，戰。

太白者，猶軍也，而熒惑，憂也。故熒惑從太白，軍憂；離之，軍舒。出太白之陰，有分軍；出其陽，有偏將之戰。當其行，太白還之，破軍殺將。

辰星，殺伐之氣，戰鬬之象也。與太白俱出東方，皆赤而角，夷狄敗，中國勝；與太白俱出西方，皆赤而角，中國敗，夷狄勝。

五星分天之中，積于東方，中國大利；積于西方，夷狄用兵者利。

辰星不出，太白爲客；辰星出，太白爲主人。辰星與太白不相從，雖有軍不戰。辰星出東方，太白出西方。若辰星出西方，太白出東方，爲格，野雖有兵，不戰。辰星入太白中，五日乃出，及入而上出，破軍殺將，客勝；下出，客亡地。辰星來抵，太白不去，將死。正其上出，破軍殺將，客勝；下出，客亡地。視其所指，以名破軍。辰星繞環太白，若鬬，大戰，客勝，主人吏死。辰星過太白，間可椷劍，小戰，客勝；〔一〕居太白前旬三日，軍罷；出太白左，小戰；歷太白右，數萬人戰，主人吏死；出太白右，去三尺，軍急約戰。

〔一〕蘇林曰：「椷音函。函，容也，其間可容一劍也。」

凡太白所出所直之辰，其國爲得位，得位者戰勝。所直之辰順其色而角者勝，其色害者敗。〔一〕太白白比狼，赤比心，黃比參右肩，青比參左肩，黑比奎大星。色勝位，〔二〕行勝色，〔三〕行得盡勝之。〔四〕

〔一〕晉灼曰：「鄭色黃，而赤蒼，小敗；宋色黃，而赤黑，小敗；楚色赤，黑小敗；燕色黑，黃小敗。皆大角勝也。」

〔二〕晉灼曰：「有色勝得位也。」

〔三〕晉灼曰：「太白行得度，勝有色也。」

〔四〕晉灼曰：「行應天度，雖有色得位，行盡勝之，行重而色位輕。星經傳得字作德。」

辰星〔一〕曰北方冬水，知也，聽也。知虧聽失，逆冬令，傷水氣，罰見辰星。出蚤爲月食，晚爲彗星及天祅。一時不出，其時不和；四時不出，天下大饑。失其時而出，爲當寒反溫，當温反寒。當出不出，是謂擊卒，兵大起。與它星遇而鬭，天下大亂。〔三〕出於房、心間，地動。

〔二〕晉灼曰：「常以二月春分見奎、婁，五月夏至見東井，八月秋分見角、亢，十一月冬至見牽牛。出以辰戌，入以丑未，二旬而入。晨候之東方，夕候之西方也。」

〔三〕晉灼曰：「祅星彗孛之屬也，一曰五星。」

塡星〔一〕曰中央季夏土，信也，思心也。仁義禮智以信爲主，貌言視聽以心爲正，故四星皆失，塡星乃爲之動。塡星所居，國吉。未當居而居之，若已去而復還居之，國得土，不乃得女子。當居不居，既已居之，又東西去之，國失土，不乃失女，不，有土事若女之憂。居宿久，國福厚；易，福薄。當居不居，爲失塡，其下國可伐；得者，不可伐。其贏，爲王不寧；縮，有軍不復。一曰，既已居之又東西去之，其國凶，不可舉事用兵。失次而上一舍三舍，有王命不成，不乃大水；失次而下二舍，有后慼，其歲不復，不乃天裂若地動。

〔一〕晉灼曰：「常以甲辰元始建斗之歲塡行一宿，二十八歲而周天也。」

凡五星，歲與塡合則爲内亂，與辰合則爲變謀而更事，與熒惑合則爲飢，爲旱，與太白合則爲白衣之會，爲水。太白在南，歲在北，名曰（牡）〔牝〕牡，〔一〕年穀大孰。太白在北，歲在南，年或有或亡。熒惑與太白合則爲喪，不可舉事用兵；與塡合則爲憂，主孽卿；與辰合則爲北軍，用兵舉事大敗。塡與辰合則將有覆軍下師；與太白合則爲疾，爲內兵。辰與太白合則爲變謀，爲兵憂。凡歲、熒惑、塡、太白四星與辰鬬，皆爲戰，兵不在外，皆爲內亂。一曰，火與水合爲焠，〔二〕與金合爲鑠，不可舉事用兵。土與金合國亡地，與木合則國饑，與水合爲雍沮，〔三〕不可舉事用兵。木與金合鬬，國有內亂。同舍爲合，相陵爲鬬。二星相近者其殃大，二星相遠者殃無傷也，從七寸以內必之。〔四〕

〔一〕晉灼曰：「歲，陽也，太白，陰也，故曰（牡）〔牝〕牡。」

〔二〕晉灼曰：「火入水，故曰焠也。」

〔三〕晉灼曰：「沮音沮溼之沮。水性雍而潛土，故曰雍沮。一曰，雍，塡也。」

〔四〕韋昭曰：「必有禍也。」

凡月食五星，其國（必）〔皆〕亡：〔一〕歲以飢，熒惑以亂，塡以殺，太白彊國以戰，辰以女亂。月食大角，王者惡之。

〔一〕李奇曰：「謂其分野之國。」

凡五星所聚宿，其國王天下：從歲以義，從熒惑以禮，從塡以重，〔一〕從太白以兵，從辰以法。以法者，以法致天下也。三星若合，是謂驚立絶行，〔二〕其國外內有兵與喪，民人乏飢，改立王公。四星若合，是謂大湯，〔三〕其國兵喪並起，君子憂，小人流。五星若合，是謂易行：有德受慶，改立王者，掩有四方，子孫蕃昌；亡德受罰，離其國家，滅其宗廟，〔四〕百姓離去，被滿四方。五星皆大，其事亦大；皆小，其事亦小也。

〔一〕韋昭曰：「謂以威重得。」

〔二〕晉灼曰：「有兵喪，故驚。改王，故曰絶也。」

〔三〕晉灼曰：「湯猶盪滌也。」

〔四〕晉灼曰：「宗祖廟也。」

凡五星色：皆圜，白爲喪爲旱，赤中不平爲兵，青爲憂爲水，黑爲疾爲多死，黃吉；皆角，赤犯我城，黃地之爭，白哭泣之聲，青有兵憂，黑水。五星同色，天下匽兵，百姓安寧，歌舞以行，不見災疾，五穀蕃昌。

凡五星，歲，緩則不行，急則過分，逆則占。熒惑，緩則不出，急則不入，違道則占。填，緩則不建，急則過舍，逆則占。太白，緩則不出，急則不入，逆則占。辰，緩則不出，急則不入，非時則占。五星不失行，則年穀豐昌。

凡以宿星通下之變者，維星散，句星信，則地動。〔一〕有星守三淵，天下大水，地動，海魚出。紀星散者山崩，不即有喪。龜、鼈星不居漢中，川有易者。辰星入五車，大水。熒惑入積水，水，兵起；入積薪，旱，兵起；守之，亦然。極後有四星，名曰句星。斗杓後有三星，名曰維星。散者，不相從也。〔二〕三淵，蓋五車之三柱也。〔三〕天紀屬貫索。積薪在北戍西北。積水在北戍東北。

〔一〕孟康曰：「散在尾北。」韋昭曰：「信音申。」

〔二〕孟康曰：「散，不復行列而聚也。」

〔三〕晉灼曰：「柱音注解之注。」

角、亢、氐，沇州。房、心，豫州。尾、箕，幽州。斗，江、湖。牽牛、婺女，揚州。虛、危，青州。營室、東壁，幷州。奎、婁、胃，徐州。昴、畢，冀州。觜觿、參，益州。東井、輿鬼，雍州。柳、七星、張，三河。翼、軫，荊州。

甲乙，海外，日月不占。〔一〕丙丁，江、淮、海、岱。戊己，中州河、濟。庚辛，華山以西。壬癸，常山以北。一曰，甲齊，乙東夷，丙楚，丁南夷，戊魏，己韓，庚秦，辛西夷，壬燕、趙，癸北夷。子周，丑翟，寅趙，卯鄭，辰邯鄲，巳衞，午秦，未中山，申齊，酉魯，戌吳、越，亥燕、代。

〔一〕晉灼曰：「海外遠，甲乙日時，不以占之。」

秦之疆，候太白，占狼、弧。吳、楚之疆，候熒惑，占鳥、衡。燕、齊之疆，候辰星，占虛、危。宋、鄭之疆，候歲星，占房、心。晉之疆，亦候辰星，占參、罰。及秦幷吞三晉、燕、代，自河、山以南者中國。中國於四海內則在東南，爲陽，陽則日、歲星、熒惑、塡星，占於街南，畢主之。其西北則胡、貉、月氏旃裘引弓之民，爲陰，陰則月、太白、辰星，占於街北，昴主之。故中國山川東北流，其維，首在隴、蜀，尾沒於勃海碣石。是以秦、晉好用兵，〔一〕復占太白。太白主中國，而胡、貉數侵掠，獨占辰星。辰星出入趮疾，常主夷狄，其大經也。

〔一〕孟康曰：「秦、晉西南維之北爲陰，與胡、貉引弓之民同，故好用兵。」

凡五星，早出爲贏，贏爲客；晚出爲縮，縮爲主人。五星贏縮，必有天應見杓。太歲在寅曰攝提格。歲星正月晨出東方，石氏曰名監德，在斗、牽牛。失次，杓，早水，晚旱。甘氏在建星、婺女。太初曆在營室、東壁。

在卯曰單閼。二月出，石氏曰名降入，在婺女、虛、危。甘氏在虛、危。失次，杓，有水災。太初在奎、婁。

在辰曰執徐。三月出，石氏曰名靑章，在營室、東壁。失次，杓，早旱，晚水。甘氏同。太初在胃、昴。

在巳曰大荒落。四月出，石氏曰名路踵，在奎、婁。甘氏同。太初在參、罰。

在午曰敦牂。五月出，石氏曰名啓明，在胃、昴、畢。失次，杓，早旱，晚水。甘氏同。太初在東井、輿鬼。

在未曰協洽。六月出，石氏曰名長烈，在觜觿、參。甘氏在參、罰。太初在注、張、七星。

在申曰涒灘。七月出。石氏曰名天晉，在東井、輿鬼。甘氏在弧。太初在翼、軫。

在酉曰作詻。（爾雅作作噩。）八月出，石氏曰名長王，在柳、七星、張。失次，杓，有女喪、民疾。甘氏在注、張。失次，杓，有火。太初在角、亢。

在戌曰掩茂。九月出，石氏曰名天睢，在翼、軫。失次，杓，水。甘氏在七星、翼。太初在氐、房、心。

在亥曰大淵獻。十月出，石氏曰名天皇，在角、亢始。甘氏在軫、角、亢。太初在尾、箕。

在子曰困敦。十一月出，石氏曰名天宗，在氐、房始。甘氏同。太初在建星、牽牛。

在丑曰赤奮若。十二月出，石氏曰名天昊，在尾、箕。甘氏在心、尾。太初在婺女、虛、危。

甘氏、太初曆所以不同者，以星贏縮在前，各錄後所見也。其四星亦略如此。

古曆五星之推，亡逆行者，至甘氏、石氏經，以熒惑、太白爲有逆行。夫曆者，正行也。

古人有言曰：「天下太平，五星循度，亡有逆行。日不食朔，月不食望。」夏氏日月傳曰：「日月食盡，主位也；不盡，臣位也。」星傳曰：「日者德也，月者刑也，故曰日食修德，月食修刑。」然而曆紀推月食，與二星之逆亡異。熒惑主內亂，太白主兵，月主刑。自周室衰，亂臣賊子師旅數起，刑罰失中，雖其亡亂臣賊子師旅之變，內臣猶不治，四夷猶不服，兵革猶不寢，刑罰猶不錯，故二星與月爲之失度，三變常見；及有亂臣賊子伏尸流血之兵，大變乃出。甘、石氏見其常然，因以爲紀，皆非正行也。詩云：「彼月而食，則惟其常；此日而食，于何不臧？」詩傳曰：「月食非常也，比之日食猶常也，日食則不臧矣。」謂之小變，可也；謂之正行，非也。故熒惑必行十六舍，去日遠而顓恣。太白出西方，進在日前，氣盛乃逆行。及月必食於望，亦誅盛也。

國皇星，大而赤，狀類南極。所出，其下起兵。兵彊，其衝不利。〔一〕

〔一〕孟康曰：「歲星之精散所爲也。五星之精散爲六十四變，志記不盡也。」

昭明星，大而白，無角，乍上乍下。所出國，起兵多變。〔一〕

〔一〕孟康曰：「形如三足几，几上有九彗上向，熒惑之精也。」

五殘星，出正東，東方之星。其狀類辰，去地可六丈，大而黃。〔一〕

〔一〕孟康曰：「星表有青氣如暈，有毛，填星之精。」

六賊星，出正南，南方之星。去地可六丈，大而赤，數動，有光。〔一〕

〔一〕孟康曰：「形如彗，芒九角，太白之精。」

司詭星，出正西，西方之星。去地可六丈，大而白，類太白。〔一〕

〔一〕孟康曰：「星大而有尾，兩角，熒惑之精也。」

咸漢星，出正北，北方之星。去地可六丈，大而赤，數動，察之中青。〔一〕

〔一〕孟康曰：「一名獄漢星，青中赤表，下有三彗從橫，亦填星之精也。」

此四星所出非其方，其下有兵，衝不利。

四填星，出四隅，去地可四丈。地維臧光，亦出四隅，去地可二丈，若月始出。所見下，有亂者亡，有德者昌。

燭星，狀如太白，其出也不行，見則滅。所燭，城邑亂。〔一〕

〔一〕孟康曰：「星上有三彗上出，亦填星之精也。」

如星非星，如雲非雲，名曰歸邪。〔一〕歸邪出，必有歸國者。

〔一〕李奇曰：「邪音虵。」孟康曰：「星有兩赤彗上向，上有蓋狀氣，下連星。」

星者，金之散氣，其本曰人。〔一〕星衆，國吉，少則凶。漢者，亦金散氣，其本曰水。星多，多水，少則旱，〔三〕其大經也。

〔一〕孟康曰：「星，石也，金石相生，人與星氣相應也。」

〔三〕孟康曰：「漢，河漢也。水生於金。多少，謂漢中星也。」

天鼓，有音如雷非雷，音在地而下及地。其所往者，兵發其下。

天狗，狀如大流星，〔一〕有聲，（共）〔其〕下止地，類狗。所墮及，望之如火光炎炎中天。其下圜，如數頃田處，上銳，見則有黃色，千里破軍殺將。

〔一〕孟康曰：「星有尾，旁有彗，下有如狗形者，亦太白之精。」

格澤者，如炎火之狀，黃白，起地而上，下大上銳。其見也，不種而穫。不有土功，必有大客。

蚩尤之旗，類彗而後曲，象旗。〔一〕見則王者征伐四方。

〔一〕孟康曰：「熒惑之精也。」晉灼曰：「呂氏春秋云其色黃上白下也。」

旬始，出於北斗旁，狀如雄雞。其怒，青黑色，象伏鼈。〔一〕

〔一〕李奇曰：「怒當（首）〔言〕帑。」晉灼曰：「帑，雌也。或曰怒則色青。」宋均曰：「怒謂芒角刺出。」

枉矢，狀類大流星，蛇行而倉黑，望如有毛目然。

長庚，廣如一匹布著天。此星見，起兵。

星隕至地，則石也。〔一〕

〔一〕如淳曰：「隕亦墜也。」

天晛而見景星。〔一〕景星者，德星也，其狀無常，常出於有道之國。

〔一〕孟康曰：「晛，精明也。有赤方氣與青方氣相連，赤方中有兩黃星，青方中有一黃星，凡三星合爲景星也。」

日有中道，月有九行。

中道者，黃道，一曰光道。光道北至東井，去北極近；南至牽牛，去北極遠；東至角，西至婁，去極中。夏至至於東井，北近極，故晷短；立八尺之表，而晷景長尺五寸八分。冬至至於牽牛，遠極，故晷長；立八尺之表，而晷景長丈三尺一寸四分。春秋分日至婁、角，去極中，而晷中；立八尺之表，而晷景長七尺三寸六分。此日去極遠近之差，晷景長短之制也。去極遠近難知，要以晷景。晷景者，所以知日之南北也。日，陽也。陽用事則日進而北，晝進而長，陽勝，故爲溫暑；陰用事則日退而南，晝退而短，陰勝，故爲涼寒也。故日進爲暑，退爲寒。若日之南北失節，晷過而長爲常寒，退而短爲常燠。此寒燠之表也，故曰爲寒暑。一曰，晷長爲潦，短爲旱，奢爲扶。〔一〕扶者，邪臣進而正臣疏，君子不足，姦人有餘。

〔一〕鄭氏曰：「扶當爲蟠，齊魯之間聲如酺。酺扶聲近。蟠，止不行也。」蘇林曰：「景形奢大也。」晉灼曰：「扶，附也，小臣佞媚附近君子之側也。」

月有九行者：黑道二，出黃道北；赤道二，出黃道南；白道二，出黃道西；青道二，出黃道東。立春、春分，月東從青道；立秋、秋分，西從白道；立冬、冬至，北從黑道；立夏、夏至，南從赤道。然用之，一決房中道。青赤出陽道，白黑出陰道。若月失節度而妄行，出陽道則旱風，出陰道則陰雨。

凡君行急則日行疾，君行緩則日行遲。日行不可指而知也，故以二至二分之星爲候。日東行，星西轉。冬至昏，奎八度中；夏至，氐十三度中；春分，柳一度中；秋分，牽牛三度七分中：此其正行也。日行疾，則星西轉疾，事勢然也。故過中則疾，君行急之感也；不及中則遲，君行緩之象也。

至月行，則以晦朔決之。日冬則南，夏則北；冬至於牽牛，夏至於東井。日之所行爲中道，月、五星皆隨之也。

箕星爲風，東北之星也。東北地事，天位也，〔一〕故易曰「東北喪朋」。及巽在東南，爲風；風，陽中之陰，大臣之象也，其星，軫也。月去中道，移而東北入箕，若東南入軫，則多風。西方爲雨；雨，少陰之位也。月去中道，移而西入畢，則多雨。故詩云「月離于畢，俾滂沱矣」，言多雨也。星傳曰「月入畢則將相有以家犯罪者」，言陰盛也。書曰「星有好風，星有好雨，月之從星，則以風雨」，言失中道而東西也。故星傳曰「月南入牽牛南戒，民間疾疫；月北入太微，出坐北，若犯坐，則下人謀上。」〔一〕

〔一〕孟康曰：「東北陽，日、月、五星起於牽牛，故爲天位。坤在西南，紐於陽，爲地統，故爲地事也。」

一曰月爲風雨，日爲寒溫。冬至日南極，晷長，南不極則溫爲害；夏至日北極，晷短，北不極則寒爲害。故書曰「日月之行，則有冬有夏」也。政治變於下，日月運於上矣。(日)〔月〕出房北，爲雨爲陰，爲亂爲兵；出房南，爲旱爲夭喪。水旱至衝而應，及五星之變，必然之效也。

兩軍相當，日暈等，力均；厚長大，有勝；薄短小，亡勝。重抱大破亡。抱爲和，背爲不和，爲分離相去。直爲自立，立兵破軍，若曰殺將。抱且戴，有喜。圍在中，中勝；在外，外勝。青外赤中，以和相去；赤外青中，以惡相去。氣暈先至而後去，居軍勝。先至先去，前有利，後有病；後至後去，前病後利；後至先去，前後皆病，居軍不勝。見而去，其後發疾，雖勝亡功。見半日以上，功(太)〔大〕。白虹屈短，上下銳，〔一〕有者下大流血。日暈制勝，近期三十日，遠期六十日。

〔一〕李奇曰：「屈或爲尾。」韋昭曰：「短而直者也。或曰短屈之虹。」

其食，食所不利；復生，生所利；不然，食盡爲主位。以其直及日所躔加日時，用名其國。

凡望雲氣，仰而望之，三四百里；平望，在桑榆上，千餘里，二千里；登高而望之，下屬地者居三千里。雲氣有(戰)〔獸〕居上者，勝。

自華以南，氣下黑上赤。嵩高、三河之郊，氣正赤。常山以北，氣下黑上青。勃、碣、海、岱之間，氣皆黑。江、淮之間，氣皆白。

徒氣白。土功氣黃。車氣乍高乍下，往往而聚。騎氣卑而布。卒氣摶。〔一〕前卑而後高者，疾；前方而後高者，銳；後銳而卑者，卻。其氣平者其行徐。前高後卑者，不止而反。氣相遇者，卑勝高，銳勝方。氣來卑而循車道者，不過三四日，去之五六里見。氣來高七八尺者，不過五六日，去之十餘二十里見。氣來高丈餘二丈者，不過三四十日，去之五六十里見。

〔一〕如淳曰：「摶，專也。摶音徒端反。」

稍雲精白者，其將悍，〔一〕其士怯。其大根而前絕遠者，戰。精白，其芒低者，戰勝；其前赤而卬者，戰不勝。陳雲如立垣。杼雲類杼。柚雲摶而耑銳。杓雲如繩者，居前竟天，其半半天。蜺雲者，類鬭旗故。(銳)鉤雲句曲。諸此雲見，以五色占。而澤摶密，其見動人，乃有占；兵必起，（占）〔合〕鬬其直。

〔一〕晉灼曰：「捎音霄。」韋昭曰：「音髾。」

王朔所候，決於日旁。日旁雲氣，人主象。皆如其形以占。

故北夷之氣如羣畜穹閭，南夷之氣類舟船幡旗。大水處，敗軍場，破國之虛，下有積泉，金寶上，皆有氣，不可不察。海旁蜃氣象樓臺，廣野氣成宮闕然。雲氣各象其山川人民所聚積。故候息耗者，入國邑，視封畺田疇之整治，〔一〕城郭室屋門戶之潤澤，次至車服畜產精華。實息者吉，虛耗者凶。

〔一〕如淳曰：「蔡邕云麻田曰疇。」

若煙非煙，若雲非雲，郁郁紛紛，蕭索輪囷，是謂慶雲。慶雲見，喜氣也。若霧非霧，衣冠不濡，見則其城被甲而趨。

夫雷電、蝦蚖、辟歷、夜明者，陽氣之動者也，春夏則發，秋冬則藏，故候者亡不司。

天開縣物，〔一〕地動坼絕。山崩及陁，川塞谿垘；〔二〕水澹地長，澤竭見象。城郭門閭，潤息槀枯；宮廟廊第，人民所次。謠俗車服，觀民飲食。五穀草木，觀其所屬。倉府廄庫，四通之路。六畜禽獸，所產去就；魚鼈鳥鼠，觀其所處。鬼哭若謼，與人逢遌。訛言，誠然。

〔一〕孟康曰：「謂天裂而見物象也。天開示縣象。」
〔二〕孟康曰：「坱音羅蔽，謂谿坱崩也。」蘇林曰：「坱音伏。伏流也。」如淳曰：「坱，填塞不通也。」

凡候歲美惡，謹候歲始。歲始或冬至日，產氣始萌。臘明日，人衆卒歲，壹會飲食，發陽氣，故曰初歲。正月旦，王者歲首；立春，四時之始也。四始者，候之日。

而漢魏鮮集臘明正月旦決八風。〔一〕風從南，大旱；西南，小旱；西方，有兵；西北，戎叔爲，〔二〕小雨，趣兵；北方，爲中歲；東北，爲上歲；〔三〕東方，大水；東南，民有疾疫，歲惡。故八風各與其衝對，課多者爲勝。多勝少，久勝亟，疾勝徐。旦至食，爲麥；食至日跌，爲(疾)〔稷〕；跌至晡，爲黍；晡至下晡，爲叔；下晡至日入，爲麻。欲終日有雲，有風，有日，當其時，深而多實；亡雲，有風日，當其時，淺而少實；有雲風，亡日，當其時，深而少實；有日，亡雲，不風，當其時者稼有敗。如食頃，小敗；孰五斗米頃，大敗。風復起，有雲，其稼復起。各以其時用雲色占種所宜。雨雪，寒，歲惡。

〔一〕孟康曰：「魏鮮，人姓名，作占候者也。」
〔二〕孟康曰：「戎叔，胡豆也。爲，成也。」
〔三〕韋昭曰：「上歲，大穰。」

是日光明，聽都邑人民之聲。聲宮，則歲美，吉；商，有兵；徵，旱；羽，水；角，歲惡。或從正月旦比數雨。率日食一升，至七升而極；〔一〕過之，不占。數至十二日，直其月，占水旱。〔二〕爲其環域千里內占，即爲天下候，竟正月。〔三〕月所離列宿，日、風、雲，占其國。然必察太歲所在。金，穰；水，毀；木，飢；火，旱。此其大經也。

〔一〕孟康曰：「正月一日雨而民有一升之食，二日雨民有二升之食，如此至七日已來驗也。」

〔二〕孟康曰：「一日雨，正月水也。」

〔三〕孟康曰：「月三十日周天歷二十八宿，然後可占天下。」

正月上甲，風從東方來，宜蠶；從西方來，若旦有黃雲，惡。

冬至短極，縣土炭，〔一〕炭動，麋鹿解角，蘭根出，泉水踊，略以知日至，要決晷景。

〔一〕孟康曰：「先冬至三日，縣土炭於衡兩端，輕重適均，冬至而陽氣至則炭重，夏至陰氣至則土重。」晉灼曰：「蔡邕曆律記『候鍾律權土炭，冬至陽氣應黃鍾通，土炭輕而衡仰，夏至陰氣應蕤賓通，土炭重而衡低。進退先後，五日之中』。」

夫天運三十歲一小變，百年中變，五百年大變，三大變一紀，三紀而大備，此其大數也。

春秋二百四十二年間，日食三十六，彗星三見，夜常星不見，夜中星隕如雨者各一。當是時，禍亂輒應，周室微弱，上下交怨，殺君三十六，亡國五十二，諸侯奔走不得保其社稷者不可勝數。自是之後，衆暴寡，大并小。秦、楚、吳、粵，夷狄也，爲彊伯。田氏篡齊，三家分晉，並爲戰國，爭於攻取，兵革遞起，城邑數屠，因以飢饉疾疫愁苦，臣主共憂患，其察禨祥候星氣尤急。〔一〕近世十二諸侯七國相王，言從橫者繼踵，而占天文者因時務論書傳，故其占驗鱗雜米鹽，亡可錄者。

〔一〕如淳曰：「呂氏春秋『荆人鬼、越人禨』，今之巫祝禱祠淫祀之比也。」晉灼曰：「禨音珠璣之璣。」

周卒爲秦所滅。始皇之時，十五年間彗星四見，久者八十日，長或竟天。後秦遂以兵內兼六國，外攘四夷，死人如亂麻。又熒惑守心，及天市芒角，色赤如雞血。始皇既死，適庶相殺，二世即位，殘骨肉，戮將相，太白再經天。因以張楚並興，兵相跆籍，〔一〕秦遂以亡。

〔一〕蘇林曰：「跆音臺，登躡也，或作蹈。」

項羽救鉅鹿，枉矢西流。枉矢所觸，天下之所伐射，滅亡象也。物莫直於矢，今蛇行不能直而枉者，執矢者亦不正，以象項羽執政亂也。羽遂合從，阬秦人，屠咸陽。凡枉矢之流，以亂伐亂也。

漢元年十月，五星聚於東井，以曆推之，從歲星也。〔一〕此高皇帝受命之符也。故客謂張耳曰：「東（幷）〔井〕秦地，漢王入秦，五星從歲星聚，當以義取天下。」秦王子嬰降於枳道，漢王以屬吏，寶器婦女亡所取，閉宮封門，還軍次于霸上，以候諸侯。與秦民約法三章，民亡不歸心者，可謂能行義矣，天之所予也。五年遂定天下，即帝位。此明歲星之崇義，東井爲秦之地明效也。

〔一〕李奇曰：「歲星得其正度，其四星隨比常正行，故曰從也。」孟康曰：「歲星先至，先至爲主也。」

三年秋，太白出西方，有光幾中，〔一〕乍北乍南，過期乃入。辰星出四孟。〔二〕是時，項羽爲楚王，而漢已定三秦，與相距滎陽。太白出西方，有光幾中，是秦地戰將勝，而漢國將興也。辰星出四孟，易主之表也。後二年，漢滅楚。

〔一〕晉灼曰：「幾中，近踰身。」

〔二〕韋昭曰：「法當出四仲，出四孟，爲易主之象也。」

七年，月暈，圍參、畢七重。占曰：「畢、昴間，天街也；街北，胡也；街南，中國也。昴爲匈奴，參爲趙，畢爲邊兵。」是歲高皇帝自將兵擊匈奴，至平城，爲冒頓單于所圍，七日乃解。

十二年春，熒惑守心。〔一〕四月，宮車晏駕。〔二〕

〔一〕李奇曰：「心爲天王也。」

〔二〕應劭曰：「天子當晨起早作，而方崩殞，故稱晏駕云。」韋昭曰：「凡初崩爲晏駕者，臣子之心，猶（爲）〔謂〕宮車當駕而出耳。」

孝惠二年，天開東北，廣十餘丈，長二十餘丈。地動，陰有餘；天裂，陽不足：皆下盛彊將害上之變也。其後有呂氏之亂。

孝文後二年正月壬寅，天欃夕出西南。〔一〕占曰：「爲兵喪亂。」其六年十一月，匈奴入上郡、雲中，漢起三軍以衞京師。其四月乙巳，水、木、火三合於東井。占曰：「外內有兵與喪，改立王公。東井，秦也。」八月，天狗下梁壄，是歲誅反者周殷長安市。其七年六月，文帝崩。其十一月戊戌，土、水合於危。占曰：「爲雍沮，所當之國不可舉事用兵，必受其殃。一曰將覆軍。危，齊也。」其七月，火東行，行畢陽，環畢東北，出而西，逆行至昴，即南乃東行。占曰：「爲喪死寇亂。畢、昴，趙也。」

〔一〕孟康曰：「歲星之精。」

孝景元年正月癸酉，金、水合於婺女。占曰：「爲變謀，爲兵憂。婺女，粵也，又爲齊。」其七月乙丑，金、木、水三合於張。占曰：「外內有兵與喪，改立王公。張，周地，今之河南也，又爲楚。」其二年七月丙子，火與水晨出東方，因守斗。占曰：「其國絕祀。」至其十二月，水、火合於斗。占曰：「爲淬，不可舉事用兵，必受其殃。」一曰：「爲北軍，用兵舉事大敗。斗，吳也，又爲粵。」是歲彗星出西南。其三月，立六皇子爲王，〔王〕淮陽、汝南、河間、臨江、長沙、廣川。

其三年，吳、楚、膠西、膠東、淄川、濟南、趙七國反。吳、楚兵先至攻梁，膠西、膠東、淄川三國攻圍齊。漢遣大將軍周亞夫等戍止河南，以候吳楚之敝，遂敗之。吳王亡走粵，粵攻而殺之。平陽侯敗三國之師于齊，咸伏其辜，齊王自殺。漢兵以水攻趙城，城壞，王自殺。六月，立皇子二人、楚元王子一人爲王，王膠西、中山、楚。徙濟北爲淄川王，淮陽爲魯王，汝南爲江都王。七月，兵罷。天狗下，占爲：「破軍殺將。狗又守禦類也，天狗所降，以戒守禦。」吳、楚攻梁，梁堅城守，遂伏尸流血其下。

三年，填星在婁，幾入，還居奎。奎，魯也。占曰：「其國得地爲得填。」是歲魯爲國。

四年七月癸未，火入東井，行陰，又以九月己未入輿鬼，戊寅出。占曰：「爲誅罰，又爲火災。」後二年，有栗氏事。其後未央東闕災。

中元年，填星當在觜觿、參，去居東井。占曰：「亡地，不乃有女憂。」其(三)〔二〕年正月丁亥，金、木合於觜觿，爲白衣之會。三月丁酉，彗星夜見西北，色白，長丈，在觜觿，且去益小，十五日不見。占曰：「必有破國亂君，伏死其辜。觜觿，梁也。」其五月甲午，金、木俱在東井。(戌)〔戊戌〕，金去木留，守之二十日。占曰：「傷成於戉。木爲諸侯，誅將行於諸侯也。」其六月壬戌，蓬星見西南，在房南，去房可二丈，大如二斗器，色白；癸亥，在心東北，可長丈所；甲子，在尾北，可六丈；丁卯，在箕北，近漢，稍小，且去時，大如桃。壬申去，凡十日。占曰：

「蓬星出，必有亂臣。房、心間，天子宮也。」是時梁王欲爲漢嗣，使人殺漢爭臣袁盎。漢桉誅梁大臣，斧戉用。梁王恐懼，布車入關，伏斧戉謝罪，然後得免。

中三年十一月庚午夕，金、火合於虛，相去一寸。占曰：「爲鑠，爲喪。虛，齊也。」

四年四月丙申，金、木合於東井。占曰：「爲白衣之會。（非）〔井〕，秦也。」其五年四月乙巳，水、火合於參。占曰：「國不吉。參，梁也。」其六年四月，梁孝王死。五月，城陽王、濟陰王死。六月，成陽公主死。出入三月，天子四衣白，臨邸第。

後元年五月壬午，火、金合於輿鬼之東北，不至柳，出輿鬼北可五寸。占曰：「爲鑠，有喪。輿鬼，秦也。」丙戌，地大動，鈴鈴然，民大疫死，棺貴，至秋止。

孝武建元三年三月，有星孛於注、張，歷太微，干紫宮，至於天漢。春秋「星孛於北斗，齊、（魯）〔宋〕、晉之君皆將死亂」。今星孛歷五宿，其後濟東、膠西、江都王皆坐法削黜自殺，淮陽、衡山謀反而誅。

三年四月，有星孛於天紀，至織女。占曰：「織女有女變，天紀爲地震。」至四年十月而地動，其後陳皇后廢。

六年，熒惑守輿鬼。占曰：「爲火變，有喪。」是歲高園有火災，竇太后崩。

元光元年六月，客星見于房。占曰：「爲兵起。」其二年十一月，單于將十萬騎入武州，漢遣兵三十餘萬以待之。

元光中，天星盡搖，上以問候星者。對曰：「星搖者，民勞也。」後伐四夷，百姓勞于兵革。

元鼎五年，太白入于天苑。占曰：「將以馬起兵也。」一曰：「馬將以軍而死耗。」其後以天馬故誅大宛，馬大死於軍。

元鼎中，熒惑守南斗。占曰：「熒惑所守，爲亂賊喪兵；守之久，其國絕祀。南斗，越分也。」其後越相呂嘉殺其王及太后，漢兵誅之，滅其國。

元封中，星孛于河戍。占曰：「南戍爲越門，北戍爲胡門。」其後漢兵擊拔朝鮮，以爲樂浪、玄菟郡。朝鮮在海中，越之象也；居北方，胡之域也。

太初中，星孛于招搖。〔星〕傳曰：「客星守招搖，蠻夷有亂，民死君。」其後漢兵擊大宛，斬其王。招搖，遠夷之分也。

孝昭始元中，漢宦者梁成恢及燕王候星者吳莫如見蓬星出西方天市東門，行過河鼓，入營室中。恢曰：「蓬星出六十日，不出三年，下有亂臣戮死於市。」後太白出西方，下行一舍，復上行二舍而下去。太白主兵，上復下，將有戮死者。後太白出東方，入咸池，東下入東井。人臣不忠，有謀上者。後太白入太微西藩第一星，北出東藩第一星，北東下去。太微者，天廷也，太白行其中，宮門當閉，大將被甲兵，邪臣伏誅。熒惑在婁，逆行至奎，法曰「當有兵」。後太白入昴。莫如曰：「蓬星出西方，當有大臣戮死者。太白星入東井、太微廷，出東門，漢有死將。」後熒惑出東方，守太白。兵當起，主人不勝。後流星下燕萬載宮極，東去，〔一〕法曰「國恐，有誅」。其後左將軍桀、票騎將軍安與長公主、燕剌王謀亂，咸伏其辜。兵誅烏桓。

〔一〕李奇曰：「極，屋梁也，三輔間名爲極。或曰，極，棟也，三輔間名棟爲極。尋棟東去也。（廷）〔延〕篤謂之堂前闌楯也。」

元鳳四年九月，客星在紫宮中斗樞極間。占曰：「爲兵。」其五年六月，發三輔郡國少年詣北軍。五年四月，燭星見奎、婁間。占曰「有土功，胡人死，邊城和。」其六年正月，築遼東、玄菟城。二月，度遼將軍范明友擊烏桓還。

元平元年正月庚子，日出時有黑雲，狀如（猋）〔焱〕風亂鬊，〔一〕轉出西北，東南行，轉而西，有頃亡。占曰：「有雲如衆風，是謂風師，法有大兵。」其後兵起烏孫，五將征匈奴。

〔一〕〔師古曰〕：「音舜。」

二月甲申，晨有大星如月，有衆星隨而西行。乙酉，牂雲如狗，赤色，長尾三枚，夾漢西行。大星如月，大臣之象，衆星隨之，衆皆隨從也。天文以東行爲順，西行爲逆，此大臣欲行權以安社稷。占曰：「太白散爲天狗，爲卒起。卒起見，禍無時，臣運柄。牂雲爲亂君。」到其四月，昌邑王賀行淫辟，立二十七日，大將軍霍光白皇太后廢賀。

三月丙戌，流星出翼、軫東北，干太微，入紫宮。始出小，且入大，有光。入有頃，聲如雷，三鳴止。占曰：「流星入紫宮，天下大凶。」其四月癸未，宮車晏駕。

孝宣本始元年四月壬戌甲夜，辰星與參出西方。其二年七月辛亥夕，辰星與翼出，皆爲蚤。占曰：「大臣誅。」其後熒惑守房之鉤鈐。鉤鈐，天子之御也。〔一〕占曰：「不太僕，則奉車，不黜卽死也。房、心，天子宮也。房爲將相，心爲子屬也。其地宋，今楚彭城也。」四年七月甲辰，辰星在翼，月犯之。占曰：「兵起，上卿死將相也。」是日，熒惑入輿鬼天質。占曰：「大臣有誅者，名曰天賊在大人之側。」

〔一〕晉灼曰：「上言房爲天駟，其陰右驂，旁有二星曰鈐，故曰天子御也。」

地節元年正月戊午乙夜，月食熒惑，〔一〕熒惑在角、亢。占曰：「憂在宮中，非賊而盜也。有內亂，讒臣在旁。」其辛酉，熒惑入氐中。氐，天子之宮，熒惑入之，有賊臣。其六月戊戌甲夜，客星又居左右角間，東南指，長可二尺，色白。占曰：「有姦人在宮廷間。」其丙寅，又有客星見貫索東北，南行，至七月癸酉夜入天市，芒炎東南指，其色白。占曰：「有戮卿。」一曰：「有戮王。期皆一年，遠二年。」是時，楚王延壽謀逆自殺。四年，故大將軍霍光夫人顯、將軍霍禹、范明友、奉車霍山及諸昆弟賓婚爲侍中、諸曹、九卿、郡守皆謀反，咸伏其辜。

〔一〕孟康曰：「凡星入月，見月中，爲星食月；月奄星，星滅，爲月食星。」

黃龍元年三月，客星居王梁東北可九尺，長丈餘，西指，出閣道間，至紫宮。其十二月，宮車晏駕。

元帝初元元年四月，客星大如瓜，色青白，在南斗第二星東可四尺。占曰：「爲水飢。」其五月，勃海水大溢。六月，關東大飢，民多餓死，琅邪郡人相食。

二年五月，客星見昴分，居卷舌東可五尺，青白色，炎長三寸。占曰：「天下有妄言者。」其十二月，鉅鹿都尉謝君男詐爲神人，論死，父免官。〔一〕

〔一〕孟康曰：「姓謝，名君。男者兒也，不記其名，直言男耳。」

五年四月，彗星出西北，赤黃色，長八尺所，後數日長丈餘，東北指，在參分。後二歲餘，西羌反。

孝成建始元年九月戊子，有流星出文昌，色白，光燭地，長可四丈，大一圍，動搖如龍蛇形。有頃，長可五六丈，大四圍所，詘折委曲，貫紫宮西，在斗西北子亥間。後詘如環，北方不合，留一（合）〔刻〕所。占曰：「文昌爲上將貴相。」是時帝舅王鳳爲大將軍，其後宣帝舅子王商爲丞相，皆貴重任政。鳳妒商，譖而罷之。商自殺，親屬皆廢黜。

四年七月，熒惑隃歲星，居其東北半寸所如連李。時歲星在關星西四尺所，熒惑初從畢口大星東東北往，數日至，往疾去遲。占曰：「熒惑與歲星鬭，有病君飢歲。」至河平元年三月，旱，傷麥，民食榆皮。二年十二月壬申，太皇太后避時昆明東觀。〔一〕

〔一〕如淳曰：「食貨志武帝修昆明池，列觀環之。或曰，卽病謝君男，故避其時。」

十一月乙卯，月食塡星，星不見，時在輿鬼西北八九尺所。占曰：「月食塡星，流民千里。」河平元年三月，流民入函谷關。

河平二年十月下旬，塡星在東井軒轅南耑大星尺餘，歲星在其西北尺所，熒惑在其西北二尺所，皆從西方來。塡星貫輿鬼，先到歲星次，熒惑亦貫輿鬼。十一月上旬，歲星、熒惑西去塡星，皆西北逆行。占曰：「三星若合，是謂驚位，是謂絕行，外內有兵與喪，改立王公。」其十一月丁巳，夜郎王歆大逆不道，牂柯太守立捕殺歆。三年九月甲戌，東郡莊平男子侯母辟兄弟五人羣黨爲盜，攻燔官寺，縛縣長吏，盜取印綬，自稱將軍。三月辛卯，左將軍千秋卒，右將軍史丹爲左將軍。四年四月戊申，梁王賀薨。

陽朔元年七月壬子，月犯心星。占曰：「其國有憂，若有大喪。房、心爲宋，今楚地。」十一月辛未，楚王友薨。

四年閏月庚午，飛星大如缶，出西南，入斗下。占曰：「漢使匈奴。」明年，鴻嘉元年正月，匈奴單于雕陶莫皋死。五月甲午，遣中郞將楊興使弔。

永始二年二月癸未夜，東方有赤色，大三四圍，長二三丈，索索如樹，南方有大四五圍，下行十餘丈，皆不至地滅。占曰：「東方客之變氣，狀如樹木，以此知四方欲動者。」明年十二月己卯，尉氏男子樊並等謀反，賊殺陳留太守嚴普及吏民，出囚徒，取庫兵，劫略令丞，自稱將軍，皆誅死。庚子，山陽鐵官亡徒蘇令等殺傷吏民，篡出囚徒，取庫兵，聚黨數百人爲大賊，踰年經歷郡國四十餘。一日有兩氣同時起，並見，而並、令等同月俱發也。

元延元年四月丁酉日餔時，天曤晏，殷殷如雷聲，有流星頭大如缶，長十餘丈，皎然赤白色，從日下東南去。四面或大如盂，或如雞子，燿燿如雨下，至昏止。郡國皆言星隕。春秋星隕如雨爲王者失勢諸侯起伯之異也。其後王莽遂顓國柄。王氏之興萌於成帝〔時〕，是以有星隕之變。後莽遂篡國。

綏和元年正月辛未，有流星從東南入北斗，長數十丈，二刻所息。占曰：「大臣有繫者。」其年十一月庚子，定陵侯淳于長坐執左道下獄死。

二年春，熒惑守心。二月乙丑，丞相翟方進欲塞災異，自殺。〔二〕〔三〕月丙戌，宮車晏駕。

哀帝建平元年正月丁未日出時，有著天白氣，廣如一匹布，長十餘丈，西南行，讙如雷，西南行一刻而止，名曰天狗。傳曰：「言之不從，則有犬禍詩妖。」到其四年正月、二月、三月，民相驚動，讙譁奔走，傳行詔籌祠西王母，又曰「從目人當來」。十二月，白氣出西南，從地上至天，出參下，貫天廁，廣如一疋布，長十餘丈，十餘日去。占曰：「天子有陰病。」其三年十一月壬子，太皇太后詔曰：「皇帝寬仁孝順，奉承聖緒，靡有解怠，而久病未瘳。夙夜惟思，殆繼體之君不宜改作。春秋大復古，其復甘泉泰畤、汾陰后土如故。」

二年二月，彗星出牽牛七十餘日。傳曰：「彗所以除舊布新也。牽牛，日、月、五星所從起，曆數之元，三正之始。彗而出之，改更之象也。其出久者，為其事大也。」其六月甲子，夏賀良等建言當改元易號，增漏刻。詔書改建平二年為太初（元將）元年，號曰陳聖劉太平皇帝，刻漏以百二十為度。八月丁巳，悉復蠲除之，賀良及黨與皆伏誅流放。其後卒有王莽篡國之禍。

元壽元年十一月，歲星入太微，逆行干右執法。占曰：「大臣有憂，執法者誅，若有罪。」二年十月戊寅，高安侯董賢免大司馬位，歸第自殺。

校勘記

三七四頁一行　（皆）〔暈〕，日旁氣也。　殿本考證說，「暈」監本訛「皆」，從宋本改。按景祐、汲古、局本都作「皆」，文義為長，但史記天官書「日月暈適」句裴駰集解引作「暈」，則不得作「皆」。

三七四頁三行　凡氣（食）〔在〕日上為冠為戴，　景祐、殿本都作「在」。朱一新說作「在」是。

三七四頁六行　餘三星後(官)〔宮〕之屬也。　景祐、殿本都作「宮」。朱一新說作「宮」是。

三七六頁九行　火犯守角，則有(戟)〔戰〕。　景祐、殿本都作「戰」。　王先謙說作「戰」是。

三八一頁八行　熒惑爲亂爲(成)〔賊〕，　景祐、殿、局本都作「賊」。　朱一新說作「賊」是。

三八六頁一行　名曰(牡)〔牝〕牡，　景祐、殿本都作「牝」，注同。朱一新說作「牝」是。

三八六頁三行　其國(必)〔皆〕亡：　景祐、殿本都作「皆」。

三九〇頁六行　(爾雅作作噩)　王先謙說「爾雅」五字漢書無此例，非班自注，蓋校書者誤加之。

三九三頁五行　(共)〔其〕下止地，類狗。　景祐、殿、局本都作「其」。　王先謙說作「其」是。

三九三頁一三行　怒當(首)〔言〕帑。　景祐、殿本都作「言」。

三九六頁五行　(日)〔月〕出房北，　景祐、殿本都作「月」。　王先謙說作「月」是。

三九六頁一二行　見牛日以上，功(太)〔大〕。　沈欽韓說「大」誤爲「太」。按景祐、殿、局本都作「大」。

三九七頁三行　雲氣有(戰)〔獸〕居上者，勝。　王念孫說「戰」當依天官書作「獸」。按殿本作「獸」。

三九七頁一四行　(銳)鉤雲句曲。　王先謙說「銳」字衍，天官書、晉、隋志皆無。

三九八頁一行　兵必起，(占)〔合〕鬬其直。　王先謙說天官書「占」作「合」是。

三九九頁七行　食至日昳，爲(疾)〔稷〕，　景祐、殿本都作「稷」。　朱一新說作「稷」是。

三〇一頁一五行　東(并)〔井〕秦地，　景祐、殿、局本都作「井」。　王先謙說作「井」是。

一三〇二頁一五行　臣子之心，猶(爲)〔謂〕宮車當駕而出耳。　景祐、殿本都作「謂」。

一三〇三頁一五行　立六皇子爲王，〔王〕淮陽　「王」字原缺，據景祐、殿、局本補。

一三〇四頁一〇行　其(三)〔二〕年正月丁亥，　王念孫說中三年在下文，則此「三年」當作「二年」。

一三〇四頁一三行　(戉)〔戊戌〕，金去木留，　殿本作「戊戌」。朱一新說作「戊戌」是，自甲午至戊戌凡五日。

一三〇五頁四行　(非)〔井〕，秦也。　景祐、殿本都作「井」。

一三〇五頁一〇行　齊、(魯)〔宋〕、晉之君皆將死亂。　王先愼說「魯」爲「宋」字之誤。　按左傳文十四年作「宋、齊、晉之君」。

一三〇六頁一〇行　〔星〕傳曰：　朱一新說汪本有「星」字，此脫。　按景祐、殿本都有「星」字。

一三〇七頁六行　(廷)〔延〕篤謂之堂前闌楯也。　景祐、殿本都作「延」。朱一新說作「延」是。

一三〇七頁一一行　狀如(焱)〔猋〕風亂鬊，　王先謙說當從三「犬」。「猋」，「飆」之通借字。

一三〇七頁一三行　〔師古曰〕：音舜。　葉德輝說疑此音上奪「師古曰」三字。

一三〇九頁一四行　留一(合)〔刻〕所。　景祐、殿本都作「刻」。朱一新說作「刻」是。

一三一一頁九行　王氏之興萌於成帝〔時〕，　景祐、殿本都有「時」字。

一三一一頁一三行　(二)〔三〕月丙戌，　景祐、殿本都作「三」。　朱一新說作「三」是。

一三一三頁七行　詔書改建平二年爲太初(元將)元年，　景祐、殿本都無「元將」二字，通鑑亦無。

漢書卷二十七上

五行志第七上

易曰：「天垂象，見吉凶，聖人象之；河出圖，雒出書，聖人則之。」〔一〕劉歆以爲虙羲氏繼天而王，〔二〕受河圖，則而畫之，八卦是也；〔三〕禹治洪水，賜雒書，法而陳之，洪範是也。〔四〕聖人行其道而寶其眞。降及于殷，箕子在父師位而典之。〔五〕周既克殷，以箕子歸，武王親虛己而問焉。故經曰：「惟十有三祀，王訪于箕子，〔六〕王乃言曰：『烏嘑，箕子！惟天陰騭下民，相協厥居，我不知其彝倫逌敘。』〔七〕箕子乃言曰：『我聞在昔，鯀陻洪水，汩陳其五行，〔八〕帝乃震怒，弗畀洪範九疇，彝倫逌斁。〔九〕鯀則殛死，禹乃嗣興，〔一〇〕天乃錫禹洪範九疇，彝倫逌敘。』」〔一一〕此武王問雒書於箕子，箕子對禹得雒書之意也。

〔一〕師古曰：「上繫之辭也。則，效也。」

〔二〕師古曰：「虙讀與伏同。」

〔三〕師古曰：「放效河圖而畫八卦也。」

〔四〕師古曰：「取法雒書而陳洪範也。」

〔五〕師古曰：「父師，即太師，殷之三公也。箕子，紂之諸父而爲太師，故曰父師。」

〔六〕師古曰：「祀，年也。商曰祀。自此以下皆周書洪範之文。」

〔七〕服虔曰：「騭音陟也。」應劭曰：「陰，覆也。陟，升也。相，助也。協，和也。倫，理也。攸，所也。言天覆下民，王者當助天居，我不知居天常理所次序也。」師古曰：「騭音質。騭，定也。協，和也。天不言而默定下人，助合其居。」

〔八〕應劭曰：「陻，塞也。汨，亂也。水性流行，而鯀障塞之，失其本性，其餘所陳列皆亂，故曰亂陳五行也。」師古曰：「汨音骨。」

〔九〕師古曰：「帝謂上帝，即天也。震，動也。畀，與也。疇，類也。九類即九章也。斁，敗也，音丁故反。」

〔一〇〕師古曰：「殛，誅也，見(殛)〔誅〕而死。殛音居力反。」

〔一一〕師古曰：「自此以上，洪範之文。」

「初一曰五行；〔一〕次二曰羞用五事；〔二〕次三曰農用八政；〔三〕次四曰叶用五紀；〔四〕次五曰建用皇極；〔五〕次六曰艾用三德；〔六〕次七曰明用稽疑；〔七〕次八曰念用庶徵；〔八〕次九曰嚮用五福，畏用六極。」〔九〕凡此六十五字，皆雒書本文，所謂天乃錫禹大法九章常事所次者也。以爲河圖、雒書相爲經緯，八卦、九章相爲表裏。昔殷道弛，文王演周易；〔一〇〕周道敝，孔子述春秋。則乾坤之陰陽，效洪範之咎徵，天人之道粲然著矣。

〔一〕師古曰：「謂之行者，言順天行氣。」
〔二〕師古曰：「羞，進也。」
〔三〕張晏曰：「農，食之本，食爲八政首，故以農爲名也。」師古曰：「此說非也。農，厚也。羞用義例皆同，非田農之義也。」
〔四〕應劭曰：「叶，合也，合成五行，爲之條紀也。」師古曰：「叶讀曰叶，和也。」
〔五〕應劭曰：「皇，大；極，中也。」
〔六〕應劭曰：「艾，治也。治大中之道用三德也。」師古曰：「艾讀曰乂。」
〔七〕應劭曰：「疑事明考之於蓍龜。」
〔八〕師古曰：「念，思也。庶，衆也。徵，應也。」
〔九〕應劭曰：「天所以嚮樂人，用五福；所以畏懼人，用六極。」
〔10〕師古曰：「演，廣也，更廣其文也。演音弋善反。」

漢興，承秦滅學之後，景、武之世，董仲舒治公羊春秋，始推陰陽，爲儒者宗。宣、元之後，劉向治穀梁春秋，數其旤福，傳以洪範，〔一〕與仲舒錯。〔二〕至向子歆治左氏傳，其春秋意亦已乖矣；言五行傳，又頗不同。是以擥仲舒，別向、歆，〔三〕傳載眭孟、夏侯勝、京房、谷永、李尋之徒所陳行事，〔四〕訖於王莽，舉十二世，以傳春秋，著於篇。〔五〕

〔一〕師古曰：「旤，古文禍字。以洪範義傳而說之。傳字或作傅，讀曰附，謂附著。」

〔二〕師古曰：「錯，互不同也。」

〔三〕師古曰：「擥字與擥同，謂引取之。擥音來敢反。」

〔四〕師古曰：「眭音息規反。說在眭孟傳。」

〔五〕師古曰：「傳讀曰附，謂比附其事。」

經曰：「初一曰五行。五行：一曰水，二曰火，三曰木，四曰金，五曰土。水曰潤下，火曰炎上，〔一〕木曰曲直，〔二〕金曰從革，〔三〕土爰稼穡。」〔四〕

〔一〕師古曰：「皆水火自然之性也。」

〔二〕師古曰：「言可揉而曲，可矯而直。」

〔三〕張晏曰：「革，更也，可更銷鑄也。」

〔四〕師古曰：「爰亦曰也。一說爰，於也，可於其上稼穡也。種之曰稼。收聚曰穡。」

傳曰：「田獵不宿，〔一〕飲食不享，〔二〕出入不節，奪民農時，及有姦謀，〔三〕則木不曲直。」

〔一〕服虔曰：「不得其時也。或曰，不豫戒曰不宿，不戒以其時也。」

〔二〕師古曰：「不行享獻之禮也。」

〔三〕李奇曰：「姦謀，增賦履畝之事也。」臣瓚曰：「姦謀，邪謀也。」師古曰：「即下所謂作為姦詐以奪農時。李說是。」

說曰：木，東方也。於易，地上之木為觀。〔一〕其於王事，威儀容貌亦可觀者也。故行步有佩玉之度，〔二〕登車有和鸞之節，〔三〕田狩有三驅之制，〔四〕飲食有享獻之禮，〔五〕出入有名，使民以時，務在勸農桑，謀在安百姓：如此，則木得其性矣。若乃田獵馳騁不反宮室，飲食沈湎不顧法度，〔六〕妄興繇役以奪民時，作爲姦詐以傷民財，則木失其性矣。蓋工匠之爲輪矢者多傷敗，〔七〕及木爲變怪，〔八〕是爲木不曲直。

〔一〕師古曰：「坤下巽上，觀。巽爲木，故云地上之木也。」

〔二〕師古曰：「玉佩上有雙衡，下有雙璜，琚瑀以雜之，〔衡〕〔衝〕牙〔玭〕〔蚍〕珠以納其間。右徵角而左宮羽，進則揖之，退則揚之，然後玉鏘鳴焉。是爲行步之節度也。璜音黃。琚音居。瑀音禹。蚍音步千反。」

〔三〕師古曰：「和，鈴也，以金爲之，施於衡上。鸞亦以金爲鸞鳥而銜鈴焉，施於鑣上。動皆有聲，以爲舒疾之〔疾〕〔節〕也。」

〔四〕師古曰：「謂田獵三驅也。三驅之禮，一爲乾豆，二爲賓客，三爲充君之庖也。」

〔五〕師古曰：「以禮飲食謂之享，進爵於前謂之獻。」

〔六〕師古曰：「沈湎，謂溺於酒食。湎音彌善反。」

〔七〕如淳曰：「揉輪不曲，矯矢不直也。」

〔八〕臣瓚曰：「梓柱更生及變爲人形是也。」

春秋成公十六年「正月，雨，木冰」。劉歆以爲上陽施不下通，下陰施不上達，故雨，而木爲之冰，雰氣寒，〔一〕木不曲直也。劉向以爲冰者陰之盛而水滯者也，木者少陽，貴臣卿大夫之象也。此人將有害，則陰氣(協)〔脅〕木，木先寒，故得雨而冰也。是時叔孫喬如出奔，公子偃誅死。〔一〕一曰，時晉執季孫行父，又執公，此執辱之異。〔二〕或曰，今之長老名木冰爲「木介」。介者，甲。甲，兵象也。是歲晉有隱陵之戰，楚王傷目而敗。〔三〕屬常雨也。

〔一〕師古曰：「雾音紛。」

〔二〕師古曰：「叔孫喬如，叔孫宣伯也，通於宣公夫人穆姜，謀欲作亂，不克而出奔齊。公子偃，宣公庶子，成公弟也，豫喬如之謀，故見誅。事並在十六年冬。」

〔三〕師古曰：「行父，季文子也。十六年秋，公會晉侯于沙隨，晉受喬如之譖而止公。是年九月，又信喬如之譖而執行父也。」

〔四〕師古曰：「晉楚戰于隱陵，呂錡射恭王中目。隱陵，鄭地。」

傳曰：「棄法律，逐功臣，殺太子，以妾爲妻，則火不炎上。」

說曰：火，南方，揚光煇爲明者也。其於王者，南面鄉明而治。〔一〕書云：「知人則悊，能官人。」〔二〕故堯舜舉羣賢而命之朝，〔三〕遠四佞而放諸壄。〔四〕孔子曰：「浸潤之譖、膚受之訴不行焉，可謂明矣。」〔五〕賢佞分別，官人有序，帥由舊章，〔六〕敬重功勳，殊別適庶，〔七〕如此則火得其性矣。若乃信道不篤，〔八〕或燿虛僞，讒夫昌，邪勝正，則火失其性矣。自上而降，及濫炎妄起，〔九〕災宗廟，燒宮館，雖興師衆，弗能救也，是爲火不炎上。

〔一〕師古曰：「鄉讀曰嚮。」
〔二〕師古曰：「虞書咎繇謨之辭。悊，智也。能知其材則能官之，所以爲智也。」
〔三〕師古曰：「謂稷、卨以下。」
〔四〕師古曰：「四佞，即四凶也。遠，離也。壄，古野字。」
〔五〕師古曰：「論語載孔子之言也。浸潤，言積漸也。膚受，謂初入皮膚以至骨髓也。」
〔六〕師古曰：「帥，循也。由，從也，用也。」
〔七〕師古曰：「適讀曰嫡。」
〔八〕師古曰：「篤，厚也。」
〔九〕師古曰：「炎讀曰餤。」

春秋桓公十四年「八月壬申，御廩災」。董仲舒以爲先是四國共伐魯，大破之於龍門。〔一〕百姓傷者未瘳，怨咎未復，而君臣俱惰，內怠政事，外侮四鄰，非能保守宗廟終其天年者也，故天災御廩以戒之。劉向以爲御廩，夫人八妾所舂米之臧以奉宗廟者也，〔二〕時夫人有淫行，〔三〕挾逆心，〔四〕天戒若曰，夫人不可以奉宗廟。桓不寤，與夫人俱會齊，〔五〕夫人譖桓公於齊侯，〔六〕齊侯殺桓公。〔七〕劉歆以爲御廩，公所親耕籍田以奉粢盛者也，〔八〕棄法度亡禮之應也。

〔一〕韋昭曰：「魯郭門。」

〔二〕師古曰：「一娶九女，正嫡一人，餘者妾也，故云八妾。」
〔三〕師古曰：「謂通於齊侯。」
〔四〕師古曰：「謂欲弒桓公。」
〔五〕師古曰：「十八年春，公會齊侯于濼，公與夫人姜氏遂如齊也。」
〔六〕師古曰：「言世子同非吾子，齊侯之子。」
〔七〕師古曰：「齊侯享公，公醉，使公子彭生乘公，拉其幹而殺之。公薨於車。」
〔八〕師古曰：「黍稷曰粢，在器曰盛也。」

嚴公二十年「夏，齊大災」。〔一〕劉向以爲齊桓好色，聽女口，以妾爲妻，適庶數更，〔二〕故致（太）〔大〕災。桓公不寤，及死，適庶分爭，九月不得葬。〔三〕公羊傳曰，大災，疫也。董仲舒以爲魯夫人淫於齊，齊桓姊妹不嫁者七人。國君，民之父母；夫婦，生化之本。本傷則末夭，故天災所予也。〔四〕

〔一〕師古曰：「嚴公，謂莊公也，避明帝諱，故改曰嚴。凡漢書載謚姓爲嚴者，皆類此。」
〔二〕師古曰：「更，改也。桓公之夫人三，王姬、徐嬴、蔡姬，皆無子。而桓公好內多寵，內嬖如夫人者六人：長衞姬，生公子無虧，即武孟也；少衞姬，生惠公；鄭姬生孝公；葛嬴生昭公；密姬生懿公；宋華子生公子雍。公與管仲屬孝公於宋襄公，以爲太子。易牙有寵於衞恭姬，因寺人貂以薦羞於公，請立武孟。公許之。管仲卒，五公子皆求立。適讀曰嫡，下亦同。數音所角反。」

〔三〕師古曰：「魯僖十七年，齊桓公卒，易牙入，因內寵以殺羣吏，立無虧。孝公奔宋。十八年，齊立孝公，不勝(曰)〔四〕公子之徒，遂與宋人戰，敗齊師于甗，立孝公而還。八月，葬桓公，是爲過於九月乃得葬也。」

〔四〕李奇曰：「以爲疫殺其民人。」

釐公二十年「五月(己酉)〔乙巳〕，西宮災」。〔一〕穀梁以爲愍公宮也，以謚言之則若疏，故謂之西宮。劉向以爲釐立妾母爲夫人以入宗廟，〔二〕故天災愍宮，若曰，去其卑而親者，將害宗廟之正禮。〔三〕董仲舒以爲釐娶於楚，而齊媵之，脅公使立以爲夫人。〔四〕西宮者，小寢，夫人之居也。若曰，妾何爲此宮！誅去之意也。以天災之，故大之曰西宮也。左氏以爲西宮者，公宮也。言西，知有東。東宮，太子所居。言宮，舉區皆災也。

〔一〕師古曰：「釐讀曰僖。後皆類此。」

〔二〕師古曰：「僖公之母，謂成風也。本非正嫡，僖既爲君，而母遂同夫人禮。文四年經書『夫人風氏薨』，五年『王使榮叔歸含且賵』，是也。」

〔三〕師古曰：「愍公於僖公爲弟，故云卑。」

〔四〕師古曰：「僖公初聘楚女爲嫡，齊女爲媵。時齊先致其女，脅魯使立爲夫人。事見公羊、穀梁傳。」

宣公十六年「夏，成周宣榭火」。〔一〕榭者，所以臧樂器，宣其名也。董仲舒、劉向以爲十五年王札子殺召伯、毛伯，〔二〕天子不能誅。天戒若曰，不能行政令，何以禮樂爲而臧之？左氏經曰：「成周宣榭火，人火也。人火曰火，天火曰災。」榭者，講武之坐屋。

〔一〕師古曰：「公羊經也。成周，洛陽也。」

〔二〕師古曰：「王札子卽王子捷也。召伯、毛伯，周二大夫也。召讀曰邵。後皆類此。」

成公三年「二月甲子，新宮災」。穀梁以爲宣宮，不言謚，恭也。劉向以爲時魯三桓子孫始執國政，宣公欲誅之，恐不能，使大夫公孫歸父如晉謀。未反，宣公死。三家譖歸父於成公。成公父喪未葬，聽讒而逐其父之臣，使奔齊，〔一〕故天災宣宮，明不用父命之象也。一曰，三家親而亡禮，猶宣公殺子赤而立。〔二〕亡禮而親，天災宣廟，欲示去三家也。董仲舒以爲成居喪亡哀戚心，數興兵戰伐，〔三〕故天災其父廟，示失子道，不能奉宗廟也。一曰，宣殺君而立，不當列於羣祖也。

〔一〕師古曰：「三桓，謂孟孫、叔孫、季孫三家，俱出桓公之子也。公孫歸父，東門襄仲之子也。歸父欲去三桓以張公室，與宣公謀，而聘于晉，欲以晉人去之。而宣公薨，成公卽位，季文子及臧宣叔乃逐東門氏。歸父還，復命於介，遂出奔齊。」

〔二〕師古曰：「赤，文公太子，卽子惡也。宣公，文公之庶子，襄仲殺赤而立宣公。」

〔三〕師古曰：「謂元年作丘甲，二年季孫行父帥師會晉郤克及齊侯戰于鞌，三年叔孫僑如帥師圍棘。」

襄公九年「春，宋災」。劉向以爲先是宋公聽讒，逐其大夫華弱，出奔魯。〔一〕左氏傳曰，宋災，樂喜爲司城，〔二〕先使火所未至徹小屋，〔三〕塗大屋，〔四〕陳畚挶，〔五〕具綆缶，〔六〕備水器，〔七〕畜水潦，積土塗，〔八〕繕守備，〔九〕表火道，〔一〇〕儲正徒。〔一一〕郊保之民，使奔火所。〔一二〕又飭衆官，各慎其職。〔一三〕晉侯聞之，問士弱曰：〔一四〕「宋災，於是乎知有天道，何故？」對曰：「古之火正，或食於心，或食於咮，以出入火。〔一五〕是故咮爲鶉火，心爲大火。陶唐氏之火正閼伯，居商丘，祀大火，而火紀時焉。相土因之，故商主大火。商人閱其禍敗之釁必始於火，是以知有天道。」公曰：「可必乎？」對曰：「在道。國亂亡象，不可知也。」〔一六〕說曰：古之火正，謂火官也，掌祭火星，行火政。季春昏，心星出東方，而咮、七星、鳥首正在南方，則用火；季秋，星入，則止火，以順天時，救民疾。帝嚳則有祝融，堯時有閼伯，民賴其德，死則以爲火祖，配祭火星，故曰「或食於心，或食於咮也」。相土，商祖契之曾孫，〔一七〕代閼伯後主火星。宋，其後也，世司其占，故先知火災。賢君見變，能修道以除凶；亂君亡象，天不譴告，故不可必也。

〔一〕師古曰：「華弱，華耦之孫也，與樂轡少相狎，長相優，又相謗。轡以弓梏弱于朝，宋平公怒，逐之，遂來奔。事在襄六年。」

〔二〕師古曰：「司城，本司空，避武公之諱，故改其官爲司城。」

〔三〕師古曰：「恐火及之，故徹去。」

〔四〕師古曰：「大屋難徹，故以泥塗之，令火至不可焚。」

〔五〕應劭曰：「畚，草籠也，讀與本同。輂，所以輿土也。」師古曰：「輂音居玉反。」

〔六〕師古曰：「綆，汲索也。缶即盎也。綆音工杏反。」

〔七〕師古曰：「罃瓮之屬也。許氏說文解字曰『罃備火，（金）〔今〕之長頸缾也』。」

〔八〕師古曰：「潦，行潦也。畜讀曰蓄。蓄謂障遏聚之也。塗，泥也。」

〔九〕師古曰：「繕謂補修之也。修守禦之備，恐因火有它故也。」

〔一〇〕師古曰：「火之所起之道皆立標記也。」

〔一一〕師古曰：「儲，偫也。正徒，役徒也。偫音丈紀反。」

〔一二〕師古曰：「郊保之民，謂郊野之外保聚者也。使奔火所，共救災也。」

〔一三〕師古曰：「飭讀與（赤）〔敕〕同。」

〔一四〕師古曰：「士弱，晉大夫士莊伯。」

〔一五〕師古曰：「咮音竹救反。」

〔一六〕韋昭曰：「大亂之君，天（下）〔不〕復告，故無象。」

〔一七〕師古曰：「契讀曰偰，音先列反。字或作卨，其用同耳。據諸典籍，相土即卨之孫，今云曾孫，未詳其意。」

三十年「五月甲午，宋災」。董仲舒以爲伯姬如宋五年，宋恭公卒，〔一〕伯姬幽居守節三十餘年，又憂傷國家之患禍，積陰生陽，故火生災也。劉向以爲先是宋公聽讒而殺太子痤，〔二〕應火不炎上之罰也。

〔一〕師古曰：「伯姬，魯宣公女恭姬也。成九年歸于宋，十五年而宋公卒。今云如宋五年，則是轉寫誤。」

〔三〕師古曰：「瘞，宋平公太子也。寺人惠牆伊戾譖太子，云與楚（各）〔客〕盟，平公殺之。事在襄二十六年。瘞音在戈反。」

左氏傳昭公六年「六月丙戌，鄭災」。是春三月，鄭人鑄刑書。士文伯曰：「火見，鄭其火乎？〔一〕火未出而作火以鑄刑器，臧爭辟焉。〔二〕火而象之，不火何爲？」說曰：火星出於周五月，而鄭以三月作火鑄鼎，刻刑辟書，以爲民約，是爲刑器爭辟。故火星出，與五行之火爭明爲災，其象然也，又棄法律之占也。不書於經，時不告魯也。

〔一〕師古曰：「士文伯，晉大夫伯瑕也。」

〔二〕師古曰：「著刑於鼎，故稱刑器。法設下爭，故云爭辟。」

九年「夏四月，陳火」。〔一〕董仲舒以爲陳夏徵舒殺君，楚嚴王託欲爲陳討賊，陳國闢門而待之，至因滅陳。〔二〕陳臣子尤毒恨甚，極陰生陽，故致火災。劉向以爲先是陳侯弟招殺陳太子偃師，〔三〕皆外事，不因其宮館者，略之也。八年十月壬午，楚師滅陳，〔四〕春秋不與蠻夷滅中國，故復書陳火也。〔五〕左氏經曰「陳災」。傳曰「鄭裨竈曰：『五年，陳將復封，〔六〕封五十二年而遂亡。』子產問其故，對曰：『陳，水屬也。火，水妃也，而楚所相也。今火出而火陳，逐楚而建陳也。妃以五（陳）〔成〕，故曰五年。歲五及鶉火，而後陳卒亡，楚克有之，天之道也。』」說曰：顓頊以水王，陳其族也。〔七〕今茲歲在星紀，後五年在大梁。大梁，昴也。金爲水宗，得其宗而昌，故曰「五年陳將復封」。楚之先爲火正，故曰「楚所相也」。天以一生水，地以二生火，天以三生木，地以四生金，天以五生土。五位皆以五而合，而陰陽易位，故曰「妃以五成」。然則水之大數六，火七，木八，金九，土十。故水以天一爲火二牡，木以天三爲土十牡，土以天五爲水六牡，火以天七爲金四牡，金以天九爲木八牡。陽奇爲牡，陰耦爲妃。〔六〕故曰「水，火之牡也；火，水妃也」。於易，坎爲水，爲中男，離爲火，爲中女，蓋取諸此也。自大梁四歲而及鶉火，四周四十八歲，凡五及鶉火，五十二年而陳卒亡。火盛水衰，故曰「天之道也」。哀公十七年七月己卯，楚滅陳。

〔一〕師古曰：「公羊（傳）〔經〕。」

〔二〕師古曰：「夏徵舒，陳卿夏南，即少西氏也。徵舒之母通于靈公，靈公飲酒于夏氏，徵舒射而殺之。楚子爲夏氏亂故伐陳，謂陳人無動，將討於少西氏，遂入陳，殺夏徵舒，轘諸栗門，因縣陳。事在宣公十一年。」

〔三〕師古曰：「招謂陳哀公之弟。偃師即哀公子也。哀公有廢疾，招殺太子而立公子留。事在昭八年。招音韶。」

〔四〕師古曰：「莊王初雖縣陳，納申叔時之諫，乃復封陳，至此時陳又爲楚靈王所滅。」

〔五〕師古曰：「九年火時，陳已爲楚縣，猶追書陳國者，以楚蠻夷，不許其滅中夏之國。」

〔六〕師古曰：「裨竈，鄭大夫。」

〔七〕師古曰：「陳，舜後也。舜本出顓頊。」

〔八〕師古曰：「奇音居宜反。」

昭十八年「五月壬午，宋、衞、陳、鄭災」。董仲舒以爲象王室將亂，天下莫救，故災四國，言亡四方也。又宋、衞、陳、鄭之君皆荒淫於樂，不恤國政，與周室同行。陽失節則火災出，是以同日災也。劉向以爲宋、陳，王者之後，〔一〕衞、鄭，周同姓也。〔二〕時周景王老，劉子、單子事王子猛，〔三〕尹氏、召伯、毛伯事王子鼂。〔四〕子鼂，楚之出也。〔五〕及宋、衞、陳、鄭亦皆外附於楚，亡尊周室之心。後三年，景王崩，王室亂，故天災四國。天戒若曰，不救周，反從楚，廢世子，立不正，以害王室，明同辠也。

〔一〕師古曰：「宋微子啓本出殷，陳胡公滿有虞苗裔，皆王者之後。」

〔二〕師古曰：「衞康叔，文王之子。鄭桓公，宣王之弟。」

〔三〕師古曰：「劉子，劉獻公摯也。單子，穆公旗也。皆周大夫也。猛，景王太子。單音善。」

〔四〕師古曰：「尹氏，文公圉也。召伯，莊公奐也。毛伯，毛得也。皆周大夫也。子鼂，景王庶子也。鼂，古朝字。」

〔五〕師古曰：「姊妹之子曰出。」

定公二年「五月，雉門及兩觀災」。〔一〕董仲舒、劉向以爲此皆奢僭過度者也。先是，季氏逐昭公，昭公死于外。〔二〕定公卽位，旣不能誅季氏，又用其邪說，淫於女樂，而退孔子。〔三〕天戒若曰，去高顯而奢僭者。一曰，門闕，號令所由出也，今舍大聖而縱有辠，亡以出號令矣。京房易傳曰：「君不思道，厥妖火燒宮。」

〔一〕師古曰：「雉門，公宮南門也。兩觀謂闕。」

〔二〕師古曰：「謂薨于乾侯。」

〔三〕師古曰：「齊人歸女樂，季桓子勸定公受之，君臣相與觀之，廢朝禮三日，孔子乃行。」

哀公三年「五月辛卯，桓、釐宮災」。董仲舒、劉向以爲此二宮不當立，違禮者也。哀公又以季氏之故不用孔子。孔子在陳聞魯災，曰：「其桓、釐之宮乎！」以爲桓，季氏之所出，釐，使季氏世卿者也。

四年「六月辛丑，亳社災」。〔一〕董仲舒、劉向以爲亡國之社，所以爲戒也。〔二〕天戒若曰，國將危亡，不用戒矣。春秋火災，屢於定、哀之間，不用聖人而縱驕臣，將以亡國，不明甚也。一曰，天生孔子，非爲定、哀也，蓋失禮不明，火災應之，自然象也。

〔一〕師古曰：「亳社，殷社也。」

〔二〕師古曰：「存其社者，欲使君常思敬慎，懼危亡也。」

高后元年五月丙申，趙叢臺災。劉向以爲是時呂氏女爲趙王后，嫉妒，將爲讒口以害趙王。王不寤焉，卒見幽殺。

惠帝四年十月乙亥，未央宮凌室災；〔一〕丙子，織室災。〔二〕劉向以爲元年呂太后殺趙王如意，殘戮其母戚夫人。是歲十月壬寅，太后立帝姊魯元公主女爲皇后。其乙亥，凌室災。明日，織室災。凌室所以供養飲食，織室所以奉宗廟衣服，與春秋御廩同義。天戒若曰，皇后亡奉宗廟之德，將絕祭祀。其後，皇后亡子，後宮美人有男，太后使皇后名之，而殺其母。惠帝崩，嗣子立，有怨言，太后廢之，更立呂氏子弘爲少帝。賴大臣共誅諸呂而立文帝，惠后幽廢。

〔一〕師古曰：「臧冰之室也。」

〔二〕師古曰：「織作之室。」

文帝七年六月癸酉，未央宮東闕罘思災。〔一〕劉向以爲東闕所以朝諸侯之門也，罘思在其外，諸侯之象也。漢興，大封諸侯王，連城數十。文帝即位，賈誼等以爲違古制度，必將叛逆。先是，濟北、淮南王皆謀反，其後吳楚七國舉兵而誅。

〔一〕師古曰：「罘思，闕之屛也。解具在文紀。」

景帝中五年八月己酉，未央宮東闕災。先是，栗太子廢爲臨江王，〔一〕以罪徵詣中尉，自殺。丞相條侯周亞夫以不合旨稱疾免，後二年下獄死。

〔一〕師古曰：「景帝太子，栗姬所生，謂之栗太子。」

武帝建元六年六月丁酉，遼東高廟災。四月壬子，高園便殿火。董仲舒對曰：「春秋之道舉往以明來，是故天下有物，視春秋所舉與同比者，〔一〕精微眇以存其意，通倫類以貫其理，天地之變，國家之事，粲然皆見，亡所疑矣。按春秋魯定公、哀公時，季氏之惡已孰，〔三〕而孔子之聖方盛。夫以盛聖而易孰惡，季孫雖重，魯君雖輕，其勢可成也。故定公二年五月兩觀災。兩觀，僭禮之物，〔三〕天災之者，若曰，僭禮之臣可以去。已見辠徵，而後告可去，此天意也。定公不知省。〔四〕至哀公三年五月，桓宮、釐宮災。二者同事，所爲一也，若曰燔貴而去不義云爾。〔五〕哀公未能見，故四年六月亳社災。兩觀、桓、釐廟、亳社，四者皆不當立，天皆燔其不當立者以示魯，欲其去亂臣而用聖人也。季氏亡道久矣，前是天不見災者，魯未有賢聖臣，雖欲去季孫，其力不能，昭公是也。〔六〕至定、哀乃見之，其時可也。不時不見，天之道也。今高廟不當居遼東，高園殿不當居陵旁，於禮亦不當立，與魯所災同。其不當立久矣，至於陛下時天乃災之者，殆亦其時可也。昔秦受亡周之敝，而亡以化之；漢受亡秦之敝，又亡以化之。夫繼二敝之後，承其下流，兼受其猥，難治甚矣。〔七〕又多兄弟親戚骨肉之連，驕揚奢侈〔八〕恣睢者衆，〔九〕所謂重難之時者也。陛下正當大敝之後，又遭重難之時，甚可憂也。故天災若語陛下：『當今之世，雖敝而重難，非以太平至公，不能治也。視親戚貴屬在諸侯遠正最甚者，忍而誅之，〔一〇〕如吾燔遼〔東〕高廟乃可；視近臣在國中處旁仄及貴而不正者，忍而誅之，〔一一〕如吾燔高園殿乃可』云爾。在外而不正者，雖貴如高廟，猶災燔之，況諸侯乎！在內不正者，雖貴如高園殿，猶燔災之，況大臣乎！此天意也。辠在外者天災外，辠在內者天災內，燔甚辠當重，燔簡辠當輕，承天意之道也。」

〔一〕師古曰：「比，類也，音必寐反。」
〔二〕師古曰：「孰，成也。」
〔三〕師古曰：「兩觀，天子之制也。」
〔四〕師古曰：「省，察也。」
〔五〕師古曰：「燔音煩。」
〔六〕師古曰：「前是，謂此時之前也。見，顯示也，音胡電反。次下並同。」
〔七〕師古曰：「猥，積也，謂積猥也。」
〔八〕師古曰：「揚，謂振揚張大也。」
〔九〕服虔曰：「自恣意恣貌也。」師古曰：「睢音呼季反。」
〔一〇〕師古曰：「遠，離也，謂離正道者也。」
〔一一〕師古曰：「仄，古側字。」

先是，淮南王安入朝，始與帝舅太尉武安侯田蚡有逆言。其後膠西于王、趙敬肅王、常山憲王皆數犯法，或至夷滅人家，藥殺二千石，而淮南、衡山王遂謀反。膠東、江都王皆知其謀，陰治兵弩，欲以應之。至元朔六年，乃發覺而伏辜。時田蚡已死，不及誅。上思仲舒前言，使仲舒弟子呂步舒持斧鉞治淮南獄，以春秋誼顓斷於外，不請。〔一〕既還奏事，上皆是之。

〔一〕師古曰：「顓與專同。不請者，不奏待報。」

太初元年十一月乙酉，未央宮柏梁臺災。先是，大風發其屋，夏侯始昌先言其災日。後有江充巫蠱衛太子事。

征和二年春，涿郡鐵官鑄鐵，鐵銷，皆飛上去，此火爲變使之然也。其三月，涿郡太守劉屈釐爲丞相。後月，巫蠱事興，帝女諸邑公主、陽石公主、〔一〕丞相公孫賀、子太僕敬聲、平陽侯曹宗等皆下獄死。七月，使者江充掘蠱太子宮，太子與母皇后議，恐不能自明，乃殺充，舉兵與丞相劉屈釐戰，死者數萬人，太子敗走，至湖自殺。〔二〕明年，屈釐復坐祝𧙍要斬，〔三〕妻梟首也。成帝河平二年正月，沛郡鐵官鑄鐵，鐵不下，隆隆如雷聲，又如鼓音，工十三人驚走。音止，還視地，地陷數尺，鑪分爲十，一鑪中銷鐵散如流星，皆上去，與征和二年同象。其夏，帝舅五人封列侯，號五侯。〔四〕元舅王鳳爲大司馬大將軍秉政。後二年，丞相王商與鳳有隙，鳳譖之，免官，自殺。明年，京兆尹王章訟商忠直，言鳳顓權，鳳誣章以大逆辠，下獄死，妻子徙合浦。後許皇后坐巫蠱廢，而趙飛燕爲皇后，妹爲昭儀，賊害皇子，成帝遂亡嗣。皇后、昭儀皆伏辜。一曰，鐵飛屬金不從革。

〔一〕師古曰：「諸，琅邪之縣也。公主所食曰邑，故謂之諸邑。陽石，北海之縣，字亦作羊。」

〔二〕師古曰：「湖，縣名也。即今閿鄉、湖城二縣界。」

〔三〕師古曰：「譡，古詛字也，音側據反。」
〔四〕師古曰：「譚、商、立、根、逢時，凡五人。」

昭帝元鳳元年，燕城南門災。劉向以爲時燕王使邪臣通於漢，爲讒賊，謀逆亂。南門者，通漢道也。天戒若曰，邪臣往來，爲姦讒於漢，絕亡之道也。燕王不寤，卒伏其辜。

元鳳四年五月丁丑，孝文廟正殿災。劉向以爲孝文，太宗之君，與成周宣榭火同義。先是，皇后父車騎將軍上官安、安父左將軍桀謀爲逆，大將軍霍光誅之。皇后以光外孫，年少不知，居位如故。光欲后有子，因上侍疾醫言，禁內後宮皆不得進，唯皇后顓寢。皇后年六歲而立，十三年而昭帝崩，遂絕繼嗣。光執朝政，猶周公之攝也。是歲正月，上加元服，〔一〕通詩、尚書，有明悊之性。光亡周公之德，秉政九年，久於周公，上既已冠而不歸政，將爲國害。故正月加元服，五月而災見。古之廟皆在城中，孝文廟始出居外，天戒若曰，去貴而不正者。宣帝既立，光猶攝政，驕溢過制，至妻顯殺許皇后，光聞而不討，後遂誅滅。

〔一〕師古曰：「謂冠也。」

宣帝甘露元年四月丙申，中山太上皇廟災。甲辰，孝文廟災。元帝初元三年四月乙未，孝武園白鶴館災。劉向以爲先是前將軍蕭望之、光祿大夫周堪輔政，爲佞臣石顯、許章等所譖，望之自殺，堪廢黜。明年，白鶴館災。園中五里馳逐走馬之館，〔一〕不當在山陵昭

穆之地。天戒若曰，去貴近逸遊不正之臣，將害忠良。後章坐走馬上林下烽馳逐，免官。〔三〕

〔二〕師古曰：「五里者，言其周迴五里。」

〔三〕孟康曰：「夜於上林苑下舉火馳射也。烽或作熢。」晉灼曰：「冠首曰烽。競走曰逐。」師古曰：「孟說是。」

永光四年六月甲戌，孝宣杜陵園東闕南方災。劉向以爲先是上復徵用周堪爲光祿勳，及堪弟子張猛爲太中大夫，石顯等復譖毀之，皆出外遷。是歲，上復徵堪領尚書，猛給事中，石顯等終欲害之。園陵小於朝廷，闕在司馬門中，內臣石顯之象也。孝宣，親而貴；闕，法令所從出也。天戒若曰，去法令，內臣親而貴者必爲國害。後堪希得進見，因顯言事，事決顯口。堪病不能言。顯誣告張猛，自殺於公車。成帝即位，顯卒伏辜。

成帝建始元年正月乙丑，皇考廟災。初，宣帝爲昭帝後而立父廟，於禮不正。是時大將軍王鳳顓權擅朝，甚於田蚡，將害國家，故天於元年正月而見象也。其後寖盛，〔一〕五將世權，遂以亡道。〔二〕

〔一〕師古曰：「寖，古浸字。浸，漸也。」

〔二〕孟康曰：「謂王五大司馬也。」師古曰：「謂鳳、音、商、根、莽也。」

鴻嘉三年八月乙卯，孝景廟北闕災。十一月甲寅，許皇后廢。

永始元年正月癸丑，大官凌室災。戊午，戾后園南闕災。是時，趙飛燕大幸，許后既廢，上將立之，故天見象於凌室，與惠帝四年同應。戾后，衞太子妾，遭巫蠱之既，宣帝既立，追加尊號，於禮不正。又戾后起於微賤，與趙氏同〔應〕。天戒若曰，微賤亡德之人不可以奉宗廟，將絕祭祀，有凶惡之既至。其六月丙寅，趙皇后遂立，姊妹驕妒，賊害皇子，卒皆受誅。

永始四年四月癸未，長樂宮臨華殿及未央宮東司馬門災。六月甲午，孝文霸陵園東闕南方災。長樂宮，成帝母王太后之所居也。未央宮，帝所居也。霸陵，太宗盛德園也。是時，太后三弟相續秉政，〔一〕舉宗居位，充塞朝廷，兩宮親屬將害國家，〔二〕故天象仍見。〔三〕明年，成都侯商薨，弟曲陽侯根代爲大司馬秉政。後四年，根乞骸骨，薦兄子新都侯莽自代，遂覆國焉。

〔一〕師古曰：「謂陽平侯鳳、安陽侯音、成都侯商相代爲大司馬。」

〔二〕師古曰：「謂太后家王氏，皇后家趙氏，故云兩宮親屬。」

〔三〕師古曰：「仍，重也。」

哀帝建平三年正月癸卯，桂宮鴻寧殿災，帝祖母傅太后之所居也。時，傅太后欲與成帝母等號齊尊，大臣孔光、師丹等執政，以爲不可，太后皆免官爵，遂稱尊號。後三年，帝崩，傅氏誅滅。

平帝元始五年七月己亥，高皇帝原廟殿門災盡。〔一〕高皇帝廟在長安城中，後以叔孫通譏復道，故復起原廟於渭北，非正也。是時平帝幼，成帝母王太后臨朝，委任王莽，將篡絕漢，墮高祖宗廟，〔二〕故天象見也。其冬，平帝崩。明年，莽居攝，因以篡國，後卒夷滅。

〔一〕師古曰：「原廟，重廟也。」

〔二〕師古曰：「墮，毀也，音火規反。」

傳曰：「治宮室，飾臺榭，〔一〕內淫亂，犯親戚，侮父兄，則稼穡不成。」

〔一〕師古曰：「臺有室曰榭。」

說曰：土，中央，生萬物者也。其於王者，爲內事。宮室、夫婦、親屬，亦相生者也。古者天子諸侯，宮廟大小高卑有制，后夫人媵妾多少進退有度，九族親疏長幼有序。孔子曰：「禮，與其奢也，寧儉。」〔一〕故禹卑宮室，〔二〕文王刑于寡妻，〔三〕此聖人之所以昭教化也。〔四〕如此則土得其性矣。若乃奢淫驕慢，則土失其性。亡水旱之災而草木百穀不孰，是爲稼穡不成。

〔一〕師古曰：「論語載孔子之言也。若不得禮之中而失於奢，則不如儉。」

〔二〕師古曰：「論語載孔子曰：『禹，吾無閒然矣，卑宮室而盡力乎溝洫。』謂勤於治水而所居狹陋也。」

〔三〕師古曰：「大雅思齊之詩云：『刑于寡妻，至于兄弟，以御于家邦。』刑，法也。寡妻，謂正嫡也。御，治也。此美文王以禮法接待其妻，旁及兄弟宗族，又廣以政教治家邦。」

〔四〕師古曰：「昭，明也。」

嚴公二十八年「冬，大（水）亡麥禾」。董仲舒以爲夫人哀姜淫亂，〔一〕逆陰氣，故大水也。劉向以爲水旱當書，不書水旱而曰「大亡麥禾」者，土氣不養，稼穡不成者也。是時，夫人淫於二叔，內外亡別，〔二〕又因凶飢，一年而三築臺，〔三〕故應是而稼穡不成，飾臺榭內淫亂之罰云。遂不改寤，四年而死，〔四〕旤流二世，〔五〕奢淫之患也。

〔一〕師古曰：「哀姜，莊公夫人，齊女也。」

〔二〕師古曰：「二叔，謂莊公二弟仲慶父及叔牙。」

〔三〕師古曰：「謂三十一年春築臺于郎，夏築臺于薛，秋築臺于秦也。郎、薛、秦，皆魯地也。」

〔四〕師古曰：「莊公三十二年薨，距大（水）無麥禾，凡四歲也。」

〔五〕師古曰：「謂子般及閔公，皆殺死。」

傳曰：「好戰攻，輕百姓，飾城郭，侵邊境，則金不從革。」

說曰：金，西方，萬物既成，殺氣之始也。故立秋而鷹隼擊，秋分而微霜降。其於王事，出軍行師，把旄杖鉞，誓士衆，抗威武，所以征畔逆止暴亂也。詩云：「有虔秉鉞，如火烈烈。」〔一〕又曰：「載戢干戈，載櫜弓矢。」〔二〕動靜應誼，「說以犯難，民忘其死。」〔三〕〔如此則〕金得其性矣。若乃貪欲恣睢，務立威勝，〔四〕不重民命，則金失其性。蓋工冶鑄金鐵，金鐵冰滯涸堅，不成者衆，〔五〕及爲變怪，是爲金不從革。

〔一〕師古曰：「商頌長發之詩也。虔，固也。此美殷湯興師出征，固持其鉞，以誅有罪，威力猛盛，如火熾烈。」

〔二〕師古曰：「周頌時邁之詩也。戢，聚也。櫜，韜也。言天下太平，兵不復用，故戢斂而韜臧也。」

〔三〕師古曰：「言以和悅使人，（難）〔雖〕犯危難，不顧其生也。易兌卦彖曰『說以犯難，人忘其死』，故引之也。說讀曰悅。」

〔四〕師古曰：「睢音呼季反。」

〔五〕師古曰：「涸讀與沍同。沍，（疑）〔凝〕也，音下故反。春秋左氏傳曰『固陰沍寒』。」

左氏傳曰昭公八年「春，石言於晉」。晉平公問於師曠，〔一〕對曰：「石不能言，神或馮焉。作事不時，怨讟動於民，〔二〕則有非言之物而言。今宮室崇侈，民力彫盡，怨讟並興，莫信其性，〔三〕石之言不亦宜乎！」於是晉侯方築虒祁之宮。〔四〕叔向曰：「君子之言，信而有徵。」〔五〕劉歆以爲金石同類，是爲金不從革，失其性也。劉向以爲石白色爲主，屬白祥。

〔一〕師古曰：「晉掌樂大夫。」

〔二〕師古曰：「讟，痛怨之言也，音讀。」

〔三〕師古曰：「信猶保也。性，生也。一說，信讀曰申，言不得申其性命也。」

〔四〕師古曰：「虒祁，地在絳西，臨汾水。虒音斯。」

〔五〕師古曰：「叔向，晉大夫羊舌肸也。向音許兩反，字亦作嚮，其音同。」

成帝鴻嘉三年五月乙亥，天水冀南山大石鳴，〔一〕聲隆隆如雷，有頃止，聞平襄二百四十里，〔二〕壄雞皆鳴。〔三〕石長丈三尺，廣厚略等，〔四〕旁著岸脅，去地二百餘丈，民俗名曰石鼓。石鼓鳴，有兵。是歲，廣漢鉗子謀攻牢，〔五〕篡死辠囚鄭躬等，盜庫兵，劫略吏民，衣繡衣，自號曰山君，黨與寖廣。〔六〕明年冬，乃伏誅，自歸者三千餘人。後四年，尉氏樊並等謀反，殺陳留太守嚴普，自稱將軍，山陽亡徒蘇令等黨與數百人盜取庫兵，經歷郡國四十餘，皆踰年乃伏誅。是時起昌陵，作者數萬人，徙郡國吏民五千餘戶以奉陵邑。作治五年不成，乃罷昌陵，還徙家。〔七〕石鳴，與晉石言同應，師曠所謂「民力彫盡」，傳云「輕百姓」者也。虒祁離宮去絳都四十里，昌陵亦在郊壄，皆與城郭同占。城郭屬金，宮室屬土，外內之別云。

〔一〕師古曰：「天水之冀縣南山也。」

〔二〕韋昭曰：「天水縣。」

〔三〕師古曰：「雉也。」

〔四〕師古曰：「廣及厚皆如其長。」

〔五〕師古曰：「鉗子，謂鉗徒也。牢，繫重囚之處。」

〔六〕師古曰：「寖，漸也。」

〔七〕師古曰：「初從人陪昌陵者，令皆還其本居。」

傳曰：「簡宗廟，不禱祠，廢祭祀，逆天時，則水不潤下。」

說曰：水，北方，終臧萬物者也。其於人道，命終而形臧，精神放越，聖人爲之宗廟以收魂氣，春秋祭祀，以終孝道。王者卽位，必郊祀天地，禱祈神祇，望秩山川，懷柔百神，亡不宗事。〔一〕愼其齊戒，致其嚴敬，鬼神歆饗，多獲福助。此聖王所以順事陰氣，和神人也。至發號施令，亦奉天時。十二月咸得其氣，則陰陽調而終始成。如此則水得其性矣。若乃不敬鬼神，（致）〔政〕令逆時，則水失其性。霧水暴出，百川逆溢，壞鄉邑，溺人民，及淫雨傷稼穡，是爲水不潤下。京房易傳曰：「顓事有知，誅罰絕理，厥災水，其水也，雨殺人以隕霜，大風天黃。飢而不損茲謂泰，厥災水，水殺人。辟遏有德茲謂狂，〔二〕厥災水，水流殺人，已水則地生蟲。歸獄不解，茲謂追非，〔三〕厥水寒，殺人。追誅不解，茲謂不理，厥水五穀不收。大敗不解，茲謂皆陰。解，舍也，王者於大敗，誅首惡，赦其衆，不則皆函陰氣，〔四〕厥水流入國邑，隕霜殺（穀）〔叔草〕。」

〔一〕師古曰：「懷，來也。柔，安也。謂招來而祭祀之，使其安也。宗，尊也。」

〔二〕應劭曰：「辟，天子也。有德者雍遏不見用也。」師古曰：「遏音一曷反。」

〔三〕李奇曰：「歸罪過於民，不罪己也。」張晏曰：「謂釋有罪之人而歸無辜者也。解，止也。追非，遂非也。」

〔四〕師古曰：「函讀與含同。」

桓公元年「秋，大水」。董仲舒、劉向以爲桓弑兄隱公，民臣痛隱而賤桓。後宋督弑其君，〔一〕諸侯會，將討之，〔二〕桓受宋賂而歸，〔三〕又背宋。諸侯由是伐魯，仍交兵結讎，伏尸流血，百姓愈怨，〔四〕故十三年夏復大水。一曰，夫人驕淫，將弑君，陰氣盛，桓不寤，卒弑死。〔五〕劉歆以爲桓易許田，不祀周公，〔六〕廢祭祀之罰也。

〔一〕師古曰：「宋華父督爲太宰，弑殤公，事在桓公二年。」

〔二〕師古曰：「謂齊、陳、鄭也。」

〔三〕師古曰：「謂郜大鼎。」

〔四〕師古曰：「桓會宋公者五，與宋公、燕人盟，已而背盟伐宋。宋公、燕人怨而求助，齊、衞助之。桓公懼，而會紀侯、鄭伯及四國之師大戰。」

〔五〕師古曰：「已解於上也。」

〔六〕師古曰：「許田，魯朝宿之邑，而有周公別（號）〔廟〕。桓既篡位，遂以許田與鄭，而取鄭之祊田，故云不祀周公。」

嚴公七年「秋，大水，亡麥苗」。董仲舒、劉向以爲嚴母文姜與兄齊襄公淫，共殺（威）〔桓〕公，嚴釋父讎，復取齊女，未入，先與之淫，一年再出，會於道逆亂，臣下賤之之應也。

十一年「秋，宋大水」。董仲舒以爲時魯、宋比年爲乘丘、鄑之戰，〔一〕百姓愁怨，陰氣盛，

故二國俱水。劉向以爲時宋愍公驕慢，睹災不改，明年與其臣宋萬博戲，婦人在側，矜而罵萬，萬殺公之應。〔二〕

〔一〕師古曰：「比年，頻年也。莊十年，公敗宋師于乘丘。十一年，公敗宋師于鄑。乘丘、鄑，魯地。鄑音子移反。」

〔二〕師古曰：「萬，宋大夫也。戰敗獲于魯，復歸宋，又爲大夫，與愍公博，婦人在側。萬曰：『甚矣，魯侯之淑，魯侯之美！天下諸侯宜爲君者唯魯侯耳。』愍公矜此婦人，妒其言，顧曰：『此虜也。爾虜焉故魯侯之美惡乎至！』萬怒，搏愍公，絕其脰而死。事在莊十二年。」

二十四年，「大水」。董仲舒以爲夫人哀姜淫亂不婦，陰氣盛也。劉向以爲哀姜初入，公使大夫宗婦見，用幣，〔一〕又淫於二叔，公弗能禁。臣下賤之，故是歲、明年仍大水。〔二〕劉歆以爲先是嚴飾宗廟，刻桷丹楹，以夸夫人，〔三〕簡宗廟之罰也。〔四〕

〔一〕師古曰：「宗婦，同姓之婦也。大夫妻及宗婦見夫人者，皆令執幣，是踰禮也。」

〔二〕師古曰：「仍，頻也。」

〔三〕臣瓚曰：「桷，榱也。」韋昭曰：「楹，柱也。」師古曰：「莊公二十三年丹桓宮楹，二十四年刻桓宮桷。將迎夫人，故爲盛飾。」

〔四〕師古曰：「簡，慢也。」

宣公十年「秋大水，飢」。董仲舒以爲時比伐邾取邑，〔一〕亦見報復，兵讎連結，百姓愁怨。劉向以爲宣公殺子赤而立，子赤，齊出也，〔二〕故懼，以濟西田賂齊。〔三〕邾子貜且亦齊出也，〔四〕而宣比與邾交兵。〔五〕臣下懼齊之威，創邾之䀌，〔六〕皆賤公行而非其正也。

〔一〕師古曰：「比，頻也。九年秋，取根牟。公羊傳曰：『根牟者何？邾婁之邑也。』十年，公孫歸父帥師伐邾取繹，故云比年也。」

〔二〕師古曰：「赤母姜氏。赤死，姜氏大歸，齊市人皆哭，魯人謂之哀姜。」

〔三〕師古曰：「宣既即位，與齊侯會于平州，以定其位。元年六月，齊人取濟西田，爲立公故，以賂齊也。」

〔四〕師古曰：「貜且，邾文公之子邾定公也，亦齊女所生。貜音俱碧反，又音钁。且音子余反。」

〔五〕師古曰：「比，頻也。」

〔六〕師古曰：「創，懲艾也，音初亮反。」

成公五年「秋，大水」。董仲舒、劉向以爲時成幼弱，政在大夫，前此一年再用師，〔一〕明年復城鄆以彊私家，〔二〕仲孫蔑、叔孫僑如顓會宋、晉，陰勝陽。〔三〕

〔一〕師古曰：「成三年春，公會晉侯、宋公、衞侯、曹伯伐鄭；秋，叔孫僑如帥師圍棘，是也。」

〔二〕師古曰：「四年城鄆。鄆，季氏邑，音運。」

〔三〕師古曰：「仲孫蔑，孟獻子也。成五年春，仲孫蔑如宋。夏，叔孫僑如會晉荀首于穀。顓與專同，專者，不稟命于公。」

襄公二十四年「秋，大水」。董仲舒以爲先是一年齊伐晉，襄使大夫帥師救晉，〔一〕後又侵齊，〔二〕國小兵弱，數敵彊大，百姓愁怨，陰氣盛。劉向以爲先是襄慢鄰國，是以邾伐其南，〔三〕齊伐其北，〔四〕莒伐其東，〔五〕百姓騷動，後又仍犯彊齊也。〔六〕大水，饑，穀不成，其災甚也。

〔一〕師古曰：「襄二十三年秋，齊伐衞，遂伐晉。八月，叔孫豹帥師救晉，次于雍楡。」

〔二〕師古曰：「二十四年，仲孫羯帥師侵齊。」

〔三〕師古曰：「十五年，邾人伐我南鄙是也。」

〔四〕師古曰：「十六年，齊人伐我北鄙是也。」

〔五〕師古曰：「十二年，莒人伐我東鄙是也。」

〔六〕師古曰：「十八年，公會晉侯、宋公、衞侯、鄭伯同圍齊。二十三年救晉，二十四年又侵齊，是重犯也。」

高后三年夏，漢中、南郡大水，水出流四千餘家。四年秋，河南大水，伊、雒流千六百餘家，汝水流八百餘家。八年夏，漢中、南郡水復出，流六千餘家。南陽沔水流萬餘家。〔一〕是時女主獨治，諸呂相王。

〔一〕師古曰：「沔，漢水之上也，音彌善反。」

文帝後三年秋，大雨，晝夜不絕三十五日。藍田山水出，流九百餘家。(燕)〔漢水出〕，壞民室八千餘所，殺三百餘人。先是，趙人新垣平以望氣得幸，爲上立渭陽五帝廟，欲出周鼎，以夏四月，郊見上帝。〔一〕歲餘懼誅，謀爲逆，發覺，要斬，夷三族。是時，比再遣公主配單于，賂遺甚厚，〔二〕匈奴愈驕，侵犯北邊，殺略多至萬餘人，漢連發軍征討戍邊。

〔一〕師古曰：「事並見郊祀志。」

〔二〕師古曰：「比，頻也。高祖使劉敬奉宗室女翁主爲冒頓單于閼氏。冒頓死，其子老上單于初立，文帝復遣宗人女爲單于閼氏。」

元帝永光五年夏及秋，大水。潁川、汝南、淮陽、廬江雨，壞鄉聚民舍，及水流殺人。先是一年有司奏罷郡國廟，是歲又定迭毀，〔一〕罷太上皇、孝惠帝寢廟，皆無復修，通儒以爲違古制。刑臣石顯用事。〔二〕

〔一〕師古曰：「親盡則毀，故云迭毀。事在韋玄成傳。迭音大結反。」

〔二〕師古曰：「石顯宦者，故曰刑臣。」

成帝建始三年夏，大水，三輔霖雨三十餘日，郡國十九雨，山谷水出，凡殺四千餘人，壞官寺民舍八萬三千餘所。元年，有司奏徙甘泉泰畤、河東后土于長安南北郊。二年，又罷雍五畤、郡國諸舊祀，凡六所。

校勘記

一三一六頁一〇行　見(殛)〔誅〕而死。　景祐、殿本都作「誅」。朱一新說作「誅」是。

一三一九頁六行　(衡)〔衝〕牙(玭)〔蚍〕珠以納其間。　「衡」，景祐、殿本都作「衝」。「玭」，景祐本作「蚍」。

一三一九頁八行　以爲舒疾之(疾)〔節〕也。　景祐、殿、局本都作「節」。朱一新說作「節」是。

一三一〇頁一行　則陰氣(協)〔脅〕木，景祐、殿本都作「脅」。

一三一二頁九行　故致(太)〔大〕災。景祐、殿本都作「大」。

一三一三頁一行　不勝(日)〔四〕公子之徒，景祐、殿本都作「四」，此誤。

一三一三頁四行　釐公二十年五月(已酉)〔乙巳〕，西宮災。景祐、殿本都作「乙巳」，與春秋經同。

一三一六頁二行　(金)〔今〕之長頸鉼也。景祐、殿本都作「今」。朱一新說作「今」是。

一三一六頁八行　飭讀與(赤)〔敕〕同。景祐、殿本都作「敕」。朱一新說作「敕」是。

一三一六頁一二行　天(下)〔不〕復告，景祐、殿本都作「不」。朱一新說作「不」是。

一三一七頁一行　云與楚(各)〔客〕盟，景祐、殿、局本都作「客」。朱一新說作「客」是。

一三一七頁一四行　妃以五(陳)〔成〕，景祐、殿、局本都作「成」。

一三一八頁八行　公羊(傳)〔經〕。景祐、殿本都作「經」。

一三二一頁一三行　如吾燔遼〔東〕高廟乃可；「東」字據景祐、殿本補。

一三二七頁二行　與趙氏同〔應〕。景祐、殿本都有「應」字。

一三二九頁四行　大(水)亡麥禾。景祐本無「水」字，春秋經亦無。注同。

一三四〇頁一行　〔如此則〕金得其性矣。殿本有「如此則」三字。王先謙說此脫。按景祐本亦無。

一三四〇頁六行　(難)〔雖〕犯危難，景祐、殿本都作「雖」。蘇輿說作「雖」是。

一三四〇頁九行　沍，(疑)〔凝〕也。　景祐、殿本都作「凝」。朱一新說作「凝」是。

一三四二頁七行　(致)〔政〕令逆時，　景祐本作「政」。朱一新說作「政」是。

一三四二頁一三行　隕霜殺(穀)〔叔草〕。　宋祁說「穀」當作「菽」。按景祐本作「叔草」。楊樹達說中之下卷亦云「隕霜殺叔草」。

一三四三頁一三行　而有周公別(號)〔廟〕。　景祐、殿本都作「廟」。朱一新說作「廟」是。

一三四三頁一四行　共殺(威)〔桓〕公，　景祐、殿本都作「桓」。錢大昭說作「桓」是。

一三四六頁一三行　(燕)〔漢水出〕，壞民室八千餘所，　王念孫據漢紀孝文紀改。

漢書卷二十七中之上

五行志第七中之上

經曰：「羞用五事。五事：一曰貌，二曰言，三曰視，四曰聽，五曰思。〔一〕貌曰恭，言曰從，視曰明，聽曰聰，思曰睿。〔二〕恭作肅，從作艾，〔三〕明作悊，聰作謀，〔四〕睿作聖。〔五〕休徵：〔六〕曰肅，時雨若；〔七〕艾，時陽若；〔八〕悊，時奧若；〔九〕謀，時寒若；聖，時風若。〔一〇〕咎徵：〔一一〕曰狂，恆雨若；僭，恆陽若；〔一二〕舒，恆奧若；急，恆寒若；霿，恆風若。」〔一三〕

〔一〕應劭曰：「思，思慮。」

〔二〕應劭曰：「睿，通也，古文作睿。」

〔三〕師古曰：「艾讀曰乂。乂，治也。其下亦同。」

〔四〕應劭曰：「上聰則下謀，故聰爲謀也。」

〔五〕張晏曰：「睿通達以至於聖。」

〔六〕孟康曰：「善行之驗也。」

〔七〕應劭曰：「居上而敬，則雨順之。」

〔八〕應劭曰：「君政治，則陽順之。」

〔九〕應劭曰：「悊，明也。」師古曰：「奧讀曰燠。燠，溫也，音於六反。其下亦同。」

〔一〇〕師古曰：「凡言時者，皆謂行得其道，則寒暑風雨以時應而順之。」

〔一一〕師古曰：「言惡行之驗。」

〔一二〕應劭曰：「僭，僭差。」

〔一三〕服虔曰：「霿音人備霿。」應劭曰：「人君瞀霿鄙吝，則風不順之也。」師古曰：「凡言恆者，謂所行者失道，則寒暑風雨不時，而恆久爲災也。霿音莫豆反。備瞀，並音構，又音寇。」

傳曰：「貌之不恭，是謂不肅，厥咎狂，厥罰恆雨，厥極惡。時則有服妖，時則有龜孽，〔一〕時則有雞旤，〔二〕時則有下體生上之痾，〔三〕時則有青眚青祥。〔四〕唯金沴（水）〔木〕。」〔五〕

〔一〕師古曰：「孽音魚列反。其下並同。」

〔二〕師古曰：「旤與禍同。」

〔三〕韋昭曰：「若牛之足反出背上，下欲伐上之禍也。」師古曰：「痾音阿。」

〔四〕李奇曰：「內曰眚，外曰祥。」

〔五〕服虔曰：「沴，害也。」如淳曰：「沴音拂戾之戾，義亦同。」

說曰：凡草物之類謂之妖。妖猶夭胎，言尚微。〔一〕蟲豸之類謂之孽。〔二〕孽則牙孽矣。及六畜，謂之旤，言其著也。及人，謂之痾。痾，病貌，言寖深也。〔三〕甚則異物生，謂之眚；自外來，謂之祥。祥猶禎也。氣相傷，謂之沴。沴猶臨莅，不和意也。每一事云「時則」以絕之，言非必俱至，或有或亡，或在前或在後也。

〔一〕師古曰：「夭音烏老反。」

〔二〕師古曰：「有足謂之蟲，無足謂之豸。」

〔三〕師古曰：「寖，漸也。」

孝武時，夏侯始昌通五經，善推五行傳，以傳族子夏侯勝，下及許商，皆以教所賢弟子。其傳與劉向同，唯劉歆傳獨異。貌之不恭，是謂不肅。肅，敬也。內曰恭，外曰敬。人君行己，體貌不恭，怠慢驕蹇，則不能敬萬事，失在狂易，故其咎狂也。〔一〕上嫚下暴，則陰氣勝，故其罰常雨也。水傷百穀，衣食不足，則姦軌並作，故其極惡也。一曰，民多被刑，或形貌醜惡，亦是也。風俗狂慢，變節易度，則爲剽輕奇怪之服，〔二〕故有服妖。水類動，故有龜孽。〔三〕於易，巽爲雞，雞有冠距文武之貌。不爲威儀，貌氣毀，故有雞旤。一曰，水歲雞多死及爲怪，亦是也。上失威儀，則下有彊臣害君上者，故有下體生於上之痾。木色青，故有青眚青祥。凡貌傷者病木氣，木氣病則金沴之，衝氣相通也。於易，震在東方，爲春爲木也；兌在西方，爲秋爲金也；離在南方，爲夏爲火也；坎在北方，爲冬爲水也。春與秋，日夜分，寒暑平，是以金木之氣易以相變，故貌傷則致秋陰常雨，言傷則致春陽常旱也。至於冬夏，日夜相反，寒暑殊絕，水火之氣不得相併，故視傷常奧，聽傷常寒者，其氣然也。逆之，其極曰惡；順之，其福曰攸好德。〔四〕劉歆貌傳曰有鱗蟲之孽，羊旤，鼻痾。說以爲於天文東方辰爲龍星，故爲鱗蟲；於易兌爲羊，木爲金所病，故致羊旤，與常雨同應。此說非是。春與秋，氣陰陽相敵，木病金盛，故能相幷，唯此一事耳。旤與妖痾祥眚同類，不得獨異。

〔一〕師古曰：「狂易，謂狂而易其常性。」
〔二〕師古曰：「剽音匹妙反。」
〔三〕如淳曰：「河魚大上，以爲魚孽之比。」
〔四〕孟康曰：「政不順則致妖，順則致福也。」師古曰：「攸，所也，所好者德也。」

史記〔一〕成公十六年，公會諸侯于周，單襄公見晉厲公視遠步高，〔二〕告公曰：「晉將有亂。」魯侯曰：「敢問天道也？抑人故也？」〔三〕對曰：「吾非瞽史，〔四〕焉知天道？吾見晉君之容，殆必禍者也。夫君子目以定體，足以從之，〔五〕是以觀其容而知其心矣。目以處誼，足以步目。〔六〕晉侯視遠而足高，目不在體，而足不步目，其心必異矣。目體不相從，何以能久？夫合諸侯，民之大事也，於是虖觀存亡。故國將無咎，其君在會，步言視聽必皆無謫，則可以知德矣。〔七〕視遠，曰絕其誼；足高，曰棄其德；言爽，曰反其信；〔八〕聽淫，曰離其名。〔九〕夫目以處誼，足以踐德，〔一〇〕口以庇信，〔一一〕耳以聽名者也，故不可不愼。偏喪有咎；〔一二〕既喪，則國從之。〔一三〕晉侯爽二，吾是以云。」〔一四〕後二年，晉人殺厲公。凡此屬，皆貌不恭之咎云。

〔一〕師古曰：「此志凡稱史記者，皆謂司馬遷所撰也。」

〔二〕師古曰：「單襄公，周卿士單子朝也。晉厲公，景公之子也，名州蒲。單音善。」

〔三〕師古曰：「抑，發語辭也。」

〔四〕師古曰：「瞽，樂太師。史，太史。」

〔五〕師古曰：「體定則目安，足之進退皆無違也。」

〔六〕師古曰：「視瞻得其宜，行步中其節也。」

〔七〕師古曰：「謫，責也。無謫，謂得其義理無可咎責也。」

〔八〕師古曰：「爽，差也。」

〔九〕師古曰：「淫，邪也。」

〔一〇〕師古曰：「踐，履也，所履皆德行也。」

〔一〕師古曰：「庛，覆也。言行相覆則爲信矣。」

〔二〕師古曰：「苟喪其一，則有咎。」

〔三〕師古曰：「旣，盡也。若盡喪之，則國亦亡。」

〔四〕張晏曰：「視遠一也，步高二也。」

左氏(使)〔傳〕桓公十三年，楚屈瑕伐羅，鬭伯比送之，〔一〕還謂其馭曰：「莫囂必敗，〔二〕舉止高，心不固矣。」〔三〕遽見楚子以告。〔四〕楚子使賴人追之，弗及。莫囂行，遂無次，且不設備。〔五〕及羅，羅人軍之，大敗。莫囂縊死。

〔一〕師古曰：「屈瑕卽莫囂也。鬭伯比，楚大夫。羅，國名，在南郡枝江西。」

〔二〕師古曰：「莫囂，楚官名也。字或作敖，其音同。」

〔三〕師古曰：「止，足也。」

〔四〕師古曰：「遽，速也。」

〔五〕師古曰：「無次，不爲次列也。」

釐公十一年，周使內史過賜晉惠公命，〔一〕受玉，惰。〔二〕過歸告王曰：「晉侯其無後乎！王賜之命，而惰於受瑞，先自棄也已，其何繼之有！禮，國之幹也；敬，禮之輿也。〔三〕不敬則禮不行，禮不行則上下昏，何以長世！」二十一年，晉惠公卒，子懷公立，晉人殺之，更立文公。

〔一〕師古曰：「內史過，周大夫。晉惠公，夷吾也。諸侯即位，天子則賜命圭以爲瑞。」

〔二〕師古曰：「不敬其事也。」

〔三〕師古曰：「無禮，則國不立，故謂之榦。無敬，則禮不行，故比之於輿。」

成公十三年，晉侯使郤錡乞師于魯，將事不敬。〔一〕孟獻子曰：「郤氏其亡乎！〔二〕禮，身之榦也；敬，身之基也。〔三〕郤子無基。且先君之嗣卿也，受命以求師，將社稷是衞，而惰棄君命也，不亡何爲！」十七年，郤氏亡。

〔一〕師古曰：「郤錡，晉大夫駒伯也。乞師，欲以伐秦也。將事，致其君命也。錡音牛爾反。」

〔二〕師古曰：「孟獻子，仲孫蔑。」

〔三〕師古曰：「無禮，則身不立；不敬，則身不安也。」

成公十三年，諸侯朝王，遂從劉康公伐秦。成肅公受（賑）〔脤〕于社，不敬。〔一〕劉子曰：「吾聞之曰，民受天地之中以生，所謂命也。〔二〕是以有禮義動作威儀之則，以定命也。能者養以之福，不能者敗以取旤，〔三〕是故君子勤禮，小人盡力。勤禮莫如致敬，盡力莫如惇篤。敬在養神，篤在守業。國之大事，在祀與戎。祀有執膰，戎有受脤，〔四〕神之大節也。〔五〕今成子惰，棄其命矣，其不反虖！」五月，成肅公卒。

〔一〕服虔曰：「脤，祭社之肉也，盛以蜃器，故謂之脤。」師古曰：「劉康公、成肅公，皆周大夫也。脤讀與蜃同。以出師而祭社謂之宜。脤者，即宜社之肉也。蜃，大蛤也，音上忍反。」

〔二〕師古曰：「劉子卽康公也。中謂中和之氣。」

〔三〕師古曰：「之，往也。能養生者，則定禮義威儀，自致於福；不能者，則喪之以取禍亂。」

〔四〕應劭曰：「膰，祭肉也。」師古曰：「膰音扶元反。」

〔五〕師古曰：「交神之節。」

成公十四年，衞定公享苦成叔，甯惠子相。〔一〕苦成叔敖，〔二〕甯子曰：「苦成家其亡虖！古之爲享食也，以觀威儀省旤福也。〔三〕故詩曰：『兕觵其觩，旨酒思柔，匪儌匪傲，萬福來求。』〔四〕今夫子傲，取旤之道也。」後三年，苦成家亡。〔五〕

〔一〕師古曰：「定公名臧。苦成叔，晉大夫郤犨也。晉使郤犨如衞，故定公享之。惠子，衞大夫甯殖也。相謂贊相其禮。」

〔二〕師古曰：「敖讀曰傲。其下並同。」

〔三〕師古曰：「食讀曰飤。」

〔四〕張晏曰：「觵，罰爵也。飲酒和柔，無失禮可罰，罰爵徒觩然而已。」應劭曰：「言在位者不儌訐不倨傲也。」師古曰：「小雅桑扈之詩也。儌謂儌倖也。萬福，言其多也。謂飲酒者不儌倖，不傲慢，則福祿就而求之也。觩音虯。儌音工堯反。」

〔五〕師古曰：「十七年晉攻郤氏，長魚矯以戈殺郤錡、郤犨、郤至，而滅其家。」

襄公七年，衞孫文子聘于魯，君登亦登。〔一〕叔孫穆子相，〔二〕趨進曰：「諸侯之會，寡君未嘗後衞君。今吾子不後寡君，寡君未知所過，吾子其少安！」〔三〕孫子亡辭，亦亡悛容。〔四〕

穆子曰：「孫子必亡。爲臣而君，過而不悛，亡之本也。」十四年，孫子逐其君而外叛。〔五〕

〔一〕師古曰：「文子，衞大夫孫林父也。禮之登階，臣後君一等。」

〔二〕師古曰：「穆子，叔孫豹。」

〔三〕師古曰：「安，徐也。」

〔四〕師古曰：「悛，改也，音千全反。」

〔五〕師古曰：「逐其君，謂衞獻公出奔齊也。外叛，謂以戚叛之。」

襄公二十八年，蔡景侯歸自晉，入于鄭。〔一〕鄭伯享之，不敬。子產曰：「蔡君其不免虖！〔二〕日其過此也，君使子展往勞于東門，而敖。〔三〕吾曰：『猶將更之。』〔四〕今還，受享而惰，乃其心也。〔五〕君小國，事大國，〔六〕而惰敖以爲己心，將得死虖？君若不免，必由其子。淫而不父，〔七〕如是者必有子禍。」三十年，爲世子般所殺。〔八〕

〔一〕師古曰：「景侯名固，文侯之子也。」

〔二〕師古曰：「言不免於禍。」

〔三〕師古曰：「日謂往日，始適晉之時也。子展，鄭大夫公孫舍之。」

〔四〕師古曰：「更，改也。」

〔五〕師古曰：「言心之所常行也。」

〔六〕師古曰：「言身爲小國之君，而事於大國。」

〔七〕師古曰：「通太子之妻。」

〔八〕師古曰：「般讀與班同。」

襄公三十一年，公薨。季武子將立公子裯，〔一〕穆叔曰：「是人也，居喪而不哀，在慼而有嘉容，是謂不度。不度之人，鮮不爲患，〔二〕若果立，必爲季氏憂。」武子弗聽，卒立之。比及葬，三易衰，衰衽如故衰。〔三〕是爲昭公。立二十五年，聽讒攻季氏。兵敗，出奔，死于外。〔四〕

〔一〕師古曰：「裯，襄公之子，齊歸所生。裯音直留反。」

〔二〕師古曰：「穆叔，卽叔孫穆子也。不度，不遵禮度也。鮮，少也，音先淺反。」

〔三〕師古曰：「衣前曰衽。言游戲無已也。比音必寐反。衰音千回反。衽音人禁反。」

〔四〕師古曰：「謂薨于乾侯。」

襄公三十一年，衞北宮文子見楚令尹圍之儀，〔一〕言於衞侯曰：「令尹似君矣，將有它志；〔二〕雖獲其志，弗能終也。」公曰：「子何以知之？」對曰：「詩云『敬慎威儀，惟民之則』，〔三〕令尹無威儀，民無則焉。民所不則，以在民上，不可以終。」〔四〕

〔一〕師古曰：「北宮文子，衞大夫也，名佗。令尹圍卽公子圍，楚恭王之子也，時爲令尹。文子從衞侯在楚，故見之。」

〔二〕師古曰：「謂有爲君之心，言語視瞻非其常。」

〔三〕師古曰：「大雅抑之詩也。則，法也。言君能愼其威儀，乃臣下所法效之。」

〔四〕師古曰：「遂以殺君簒國，而取敗於乾谿也。」

昭公十一年夏，周單子會於戚，〔一〕視下言徐。〔二〕晉叔向曰：「單子其死虖！〔三〕朝有著定，〔四〕會有表，〔五〕衣有襘，帶有結。〔六〕會朝之言必聞于表著之位，所以昭事序也；〔七〕視不過結襘之中，所以道容貌也。〔八〕言以命之，容貌以明之，失則有闕。今單子爲王官伯，〔九〕而命事於會，視不登帶，言不過步，貌不道容而言不昭矣。不道不恭，不昭不從，無守氣矣。」〔一〇〕十二月，單成公卒。

〔一〕師古曰：「單子，周大夫單成公也。戚，衞地。」

〔二〕應劭曰：「視下，視不登帶。言徐，不聞於表著。」

〔三〕師古曰：「叔向，晉大夫羊舌肸也。向音許兩反。」

〔四〕師古曰：「朝內列位有定處，所謂表著者也。著音直庶反，又音除。」

〔五〕師古曰：「會於野，設表以爲位。」

〔六〕師古曰：「襘，領之交會也。結，紳帶之結也。襘音工外反。」

〔七〕師古曰：「昭，明也。」

〔八〕師古曰：「道讀曰導。其下並同。」

〔九〕師古曰：「伯，長也。」

〔一〇〕師古曰：「貌正曰恭，言正曰從。」

昭公二十一年三月，葬蔡平公，蔡太子朱失位，位在卑。〔一〕魯大夫送葬者歸告昭子。〔二〕昭子歎曰：「蔡其亡虖！若不亡，是君也必不終。詩曰：『不解於位，民之攸塈。』〔三〕今始即位而適卑，身將從之。」十月，蔡侯朱出奔楚。

〔一〕師古曰：「不在正嫡之位，而以長幼序之。」

〔二〕師古曰：「昭子，叔孫婼。」

〔三〕師古曰：「大雅假樂之詩也。塈，息也。言在上者能率位不怠，則其臣下恃以安息也。解讀曰懈。塈音許既反。」

晉魏舒合諸侯之大夫于翟泉，〔一〕將以城成周。魏子涖政，〔二〕衞彪傒曰：「將建天子，而易位以令，非誼也。〔三〕大事奸誼，必有大咎。〔四〕晉不失諸侯，魏子其不免虖！」是行也，魏獻子屬役於韓簡子，〔五〕而田於大陸，焚焉而死。〔六〕

〔一〕應劭曰：「水名，今洛陽是也。」師古曰：「魏舒，晉卿魏獻子也。事在定公元年。志不書者，蓋闕文。」

〔二〕師古曰：「謂代天子大夫爲政，以臨其事。」

〔三〕師古曰：「傒，衞大夫。建天子，謂立天子之居也。傒音奚。」

〔四〕師古曰：「奸，犯也，音干。」

〔五〕師古曰：「簡子，亦晉卿韓不信。以城周之功役委簡子也。屬音之欲反。」

〔六〕師古曰：「高平曰陸。因放火田獵而見燒殺也。說者或以爲大陸即鉅鹿北大陸澤也。據會於狄泉，則其所田處固當在近，非大陸澤也。」

定公十五年，邾隱公朝於魯，執玉高，其容仰。公受玉卑，其容俯。〔一〕子贛觀焉，〔二〕曰：「以禮觀之，二君者皆有死亡焉。夫禮，死生存亡之體也。將左右周旋，進退俯仰，於是虖取之；朝祀喪戎，於是虖觀之。今正月相朝，而皆不度，心已亡矣。〔三〕嘉事不體，何以能久？〔四〕高仰，驕也；卑俯，替也。〔五〕驕近亂，替近疾。君爲主，其先亡虖！」〔六〕

〔一〕師古曰：「隱公，邾子益也。玉，謂朝者之贄。」

〔二〕師古曰：「子贛，孔子弟子端木賜也。贛音貢。」

〔三〕師古曰：「不度，不合法度。」

〔四〕師古曰：「嘉事，嘉禮之事，謂朝祀也。不體，不得身體之節。」

〔五〕師古曰：「替，廢惰也。」

〔六〕師古曰：「是年五月，定公薨。哀公七年秋，伐邾，以邾子益來也。」

庶徵之恆雨，劉歆以爲春秋大雨也，劉向以爲大水。

隱公九年「三月癸酉，大雨，震電；庚辰，大雨雪」。〔一〕大雨，雨水也；〔二〕震，雷也。劉歆以爲三月癸酉，於曆數春分後一日，始震電之時也，當雨，而不當大雨。大雨，常雨之罰也。於始震電八日之間而大雨雪，常寒之罰也。劉向以爲周三月，今正月也，當雨水，雪雜雨，雷電未可以發也。既已發也，則雪不當復降。皆失節，故謂之異。於易，雷以二月出，其卦曰豫，〔三〕言萬物隨雷出地，皆逸豫也。以八月入，其卦曰歸妹，〔四〕言雷復歸。入地則孕毓根核，保藏蟄蟲，〔五〕避盛陰之害；出地則養長華實，發揚隱伏，宣盛陽之德。入能除害，出能興利，人君之象也。是時，隱以弟桓幼，代而攝立。公子翬見隱居位已久，勸之遂立。〔六〕隱既不許，翬懼而易其辭，〔七〕遂與桓共殺隱。天見其將然，故正月大雨水而雷電。是陽不閉陰，出涉危難而害萬物。天戒若曰，爲君失時，賊弟佞臣將作亂矣。後八日大雨雪，陰見間隙而勝陽，篡殺之旤將成也。公不寤，後二年而殺。

〔一〕師古曰：「雨雪，雨音于具反。」
〔二〕師古曰：「下雨音于具反。後類並同。」
〔三〕師古曰：「坤下震上也。」
〔四〕師古曰：「兌下震上也。」
〔五〕師古曰：「毓字與育同。核亦荄字也。草根曰荄，音該。」
〔六〕師古曰：「公子翬，魯大夫羽父也。勸殺（威）〔桓〕公，已求爲太宰。翬音揮。」
〔七〕師古曰：「反謂桓公云隱欲殺之。」

昭帝始元元年七月，大水雨，自七月至十月。成帝建始三年秋，大雨三十餘日；四年九月，大雨十餘日。

左氏傳愍公二年，晉獻公使太子申生帥師，〔一〕公衣之偏衣，佩之金玦。〔二〕狐突歎曰：「時，事之徵也；衣，身之章也；佩，衷之旗也。〔三〕故敬其事，則命以始；〔四〕服其身，則衣之純；〔五〕用其衷，則佩之度。〔六〕今命以時卒，閟其事也；〔七〕衣以尨服，遠其躬也；〔八〕佩以金玦，棄其衷也。服以遠之，時以閟之，尨涼冬殺，金寒玦離，胡可恃也！」〔九〕梁餘子養曰：「帥師者，受命于廟，受脤於社，有常服矣。〔一〇〕弗獲而尨，命可知也。死而不孝，不如逃之。」罕夷曰：「尨奇無常，金玦不復，君有心矣。」〔一一〕後四年，申生以讒自殺。近服妖也。

〔一〕師古曰：「以伐東山皋落氏。」
〔二〕師古曰：「偏衣，謂左右異色，其半象公之服也。金玦，以金爲玦也。半環曰玦。」
〔三〕師古曰：「狐突，晉大夫伯行，時爲太子御戎也。徵，（澄）〔證〕也。章，明也。旗，表也。衣所以明貴賤，佩所以表中心。」
〔四〕師古曰：「賞以春夏。」
〔五〕師古曰：「壹其色。」
〔六〕師古曰：「佩玉者，君子之常度。」
〔七〕應劭曰：「卒，盡也。閟，閉也。謂十二月盡時也。」
〔八〕師古曰：「尨，雜色也，謂偏衣也。遠音于萬反。其下並同。」

〔九〕師古曰：「涼，薄也。尨色不能純，故曰薄也。多主殺氣，金行在西，是謂之寒。玦形半缺，故云離。」

〔10〕師古曰：「梁餘子養，晉大夫也，時爲下軍御。軍之常服則韋弁。」

〔11〕應劭曰：「奇，奇怪非常意。復，反也。金玦，猶（玦）〔決〕，去不反意也。」師古曰：「罕夷，晉大夫，時爲下軍卿也。有心，害太子之心也。復音扶目反。」

左氏傳曰，鄭子臧好聚鷸冠，〔一〕鄭文公惡之，使盜殺之。〔二〕劉向以爲近服妖者也。一曰，非獨爲子臧之身，亦文公之戒也。初，文公不禮晉文，〔三〕又犯天子命而伐滑，〔四〕不尊尊敬上。其後晉文伐鄭，幾亡國。〔五〕

〔一〕張晏曰：「鷸鳥赤足黃文，以其毛飾冠。」韋昭曰：「鷸，今翠鳥也。」師古曰：「子臧，鄭文公子也。鷸，大鳥，卽戰國策所云啄蚌者也。天之將雨，鷸則知之。翠鳥自有鷸名，而此飾冠，非翠鳥也。逸周書曰『知天文者冠鷸冠』，蓋以鷸鳥知天時故也。禮圖謂之『術氏冠』。鷸音聿，又音術。」

〔二〕師古曰：「時已得罪出奔宋，故使盜殺之於陳、宋之閒。」

〔三〕師古曰：「晉文公之爲公子也，避驪姬之難而出奔，欲之楚，過鄭，鄭不禮焉。」

〔四〕師古曰：「僖二十四年，鄭公子士〔洩〕及堵俞彌帥師伐滑。王使伯服游、孫伯如鄭請滑，鄭伯不聽而執二子。」

〔五〕師古曰：「僖三十年，晉侯、秦伯圍鄭，佚之狐曰：『國危矣！』使燭之武見秦伯，師乃退也。幾音鉅依反。」

昭帝時，昌邑王賀遣中大夫之長安，多治仄注冠，〔一〕以賜大臣，又以冠奴。劉向以爲近服妖也。時王賀狂悖，〔二〕聞天子不豫，〔三〕弋獵馳騁如故，與騶奴宰人游居娛戲，驕嫚不敬。〔四〕冠者尊服，奴者賤人，賀無故好作非常之冠，暴尊象也。以冠奴者，當自至尊墜至賤也。〔五〕其後帝崩，無子，漢大臣徵賀爲嗣。即位，狂亂無道，縛戮諫者夏侯勝等。於是大臣白皇太后，廢賀爲庶人。賀爲王時，又見大白狗冠方山冠而無尾，〔六〕此服妖，亦犬旤也。賀以問郎中令龔遂，遂曰：「此天戒，言在仄者盡冠狗也。〔七〕去之則存，不去則亡矣。」賀既廢數年，宣帝封之爲列侯，復有辠，死不得置後，又犬旤無尾之效也。京房易傳曰：「行不順，厥咎人奴冠，天下亂，辟無適，〔八〕妾子拜。」〔九〕又曰：「君不正，臣欲篡，厥妖狗冠出朝門。」

〔一〕應劭曰：「今法冠是也。」李奇曰：「一曰高山冠，本齊冠也，謁者服之。」師古曰：「仄，古側字也。謂之側注者，言形側立而下注也。蔡邕云高九（尺）〔寸〕，鐵爲卷，非法冠及高山也。卷音去權反。」

〔二〕師古曰：「悖，惑也，音布內反。」

〔三〕師古曰：「言有疾不悅豫也。周書顧命曰『王有疾，不豫』。」

〔四〕師古曰：「騶，廄御也。宰人，主膳者也。娛，樂也。戲音僖。」

〔五〕師古曰：「墜，墮也，音直類反。」

〔六〕鄧展曰：「方山冠以五采縠爲之，樂舞人所服。」

〔七〕師古曰：「言王左右侍側之人不識禮義，若狗而著冠者耳。冠音工喚反。其下亦同。」

〔八〕如淳曰：「辟，君也。適，適子也。」師古曰：「辟音壁。適讀曰嫡。」

〔九〕如淳曰：「無適子故也。」

成帝鴻嘉、永始之間，好爲微行出游，選從期門郎有材力者，及私奴客，多至十餘，少五六人，皆白衣袒幘，〔一〕帶持刀劍。或乘小車，御者在茵上，〔二〕或皆騎，出入市里郊壄，遠至旁縣。時，大臣車騎將軍王音及劉向等數以切諫。谷永曰：「易稱『得臣無家』，〔三〕言王者臣天下，無私家也。今陛下棄萬乘之至貴，樂家人之賤事；厭高美之尊稱，好匹夫之卑字；〔四〕崇聚票輕無誼之人，以爲私客；〔五〕置私田於民間，畜私奴車馬於北宮；數去南面之尊，離深宮之固，挺身獨與小人晨夜相隨，〔六〕烏集醉飽吏民之家，〔七〕亂服共坐，溷肴亡別，〔八〕閔勉遯樂，晝夜在路。〔九〕典門戶奉宿衞之臣執干戈守空宮，公卿百寮不知陛下所在，積數年矣。昔虢公爲無道，有神降曰『賜爾土田』，〔一〇〕言將以庶人受土田也。諸侯夢得土田，爲失國祥，〔一一〕而況王者畜私田財物，爲庶人之事乎！」

〔一〕師古曰：「袒幘，不加上冠。」

〔二〕蘇林曰：「茵，車上蓐也。御者錯亂，更在茵上坐也。」師古曰：「車小，故御者不得迴避，而在天子茵上也。茵音因。」

〔三〕師古曰：「損卦上九爻辭。」

〔四〕如淳曰：「稱張放家人，是爲卑字。」師古曰：「爲微行，故變易姓名。」

〔五〕師古曰：「票音匹妙反，又音頻妙反。」

〔六〕師古曰：「挺，引也。」

〔七〕師古曰：「乍合乍離，如烏之集。」

〔八〕師古曰：「溷肴，謂雜亂也。溷音胡困反。」

〔九〕師古曰：「閔勉猶黽勉，言不息也。遯樂，言流遯爲樂也。」

〔10〕師古曰：「春秋左氏傳莊公三十二年有神降於莘，虢公使祝應、宗區、史（嚻）〔嚚〕享焉。神賜之土田。史（嚻）〔嚚〕曰：『虢其亡乎！』」

〔11〕師古曰：「僖五年，晉滅虢，虢公醜奔京師。」

左氏傳曰，周景王時大夫賓起見雄雞自斷其尾。〔一〕劉向以爲近雞旤也。是時，王有愛子子鼂，王與賓起陰謀欲立之。〔二〕田于北山，將因兵衆殺適子之黨，〔三〕未及而崩。三子爭國，王室大亂。其後，賓起誅死，〔四〕子鼂奔楚而敗。〔五〕京房易傳曰：「有始無終，厥妖雄雞自齧斷其尾。」

〔一〕師古曰：「賓起即賓孟。」

〔二〕師古曰：「子鼂，王之庶長子。」

〔三〕師古曰：「適讀曰嫡。嫡子王子猛，（反）〔及〕後爲悼王。子猛之黨謂劉獻公、單穆公。」

〔四〕師古曰：「三子，謂子鼂、子猛及子猛弟敬王丐也。劉子遂攻賓起，殺之。事並在昭公二十二年。」

〔三〕師古曰：「昭二十六年，邵伯盈逐王子鼂，子鼂奔楚。定公五年，王人殺之於楚。」

宣帝黃龍元年，未央殿輅軨中雌雞化爲雄，〔一〕毛衣變化而不鳴，不將，無距。〔二〕元帝初元中，丞相府史家雌雞伏子，漸化爲雄，〔三〕冠距鳴將。永光中，有獻雄雞生角者。京房易傳曰：「雞知時，知時者當死。」房以爲已知時，恐當之。劉向以爲房失雞占。雞者小畜，主司時，起居人，〔四〕小臣執事爲政之象也。言小臣將秉君威，以害正事，猶石顯也。竟寧元年，石顯伏辜，此其效也。一曰，石顯何足以當此？昔武王伐殷，至于牧野，誓師曰：「古人有言曰『牝雞無晨；牝雞之晨，惟家之索』。今殷王紂惟婦言用。」〔五〕繇是論之，〔六〕黃龍、初元、永光雞變，乃國家之占，妃后象也。孝元王皇后以甘露二年生男，立爲太子。妃，王禁女也。黃龍元年，宣帝崩，太子立，是爲元帝。王妃將爲皇后，故是歲未央殿中雌雞爲雄，明其占在正宮也。不鳴不將無距，貴始萌而尊未成也。至元帝初元元年，將立王皇后，先以爲婕妤。三月癸卯制書曰：「其封婕妤父丞相少史王禁爲陽平侯，位特進。」丙午，立王婕妤爲皇后。明年正月，立皇后子爲太子。故應是，丞相府史家雌雞爲雄，其占卽丞相少史之女也。伏子者，明已有子也。冠距鳴將者，尊已成也。永光二年，陽平頃侯禁薨，子鳳嗣侯，爲侍中衞尉。元帝崩，皇太子立，是爲成帝。尊皇后爲皇太后，以后弟鳳爲大司馬大將軍，領尙書事，上委政，無所與。〔七〕王氏之權自鳳起，故於鳳始受爵位時，雄雞有角，明視作威〔八〕顓君害上〔九〕危國者，從此人始也。其後羣弟世權，以至於莽，遂篡天下。即位五年，王太后乃崩，此其效也。京房易傳曰：「賢者居明夷之世，知時而傷，〔一〇〕或衆在位，〔一一〕厥妖雞生角。雞生角，時主獨。」又曰：「婦人顓政，國不靜；牝雞雄鳴，主不榮。」故房以爲已亦在占中矣。

〔一〕孟康曰：「輅軨，廏名也。」師古曰：「百官表太僕屬官有輅軨丞。輅與路同。軨音零。」

〔二〕師古曰：「將謂率領其羣也。距，雞附足骨，鬬時所用刺之。」

〔三〕師古曰：「初尚伏子，後乃稍稍化爲雄也。伏音房富反。」

〔四〕師古曰：「至時而鳴，以爲人起居之節。」

〔五〕師古曰：「周書牧誓之辭。晨謂晨時鳴也。索，盡也。言婦人爲政，猶雌雞而代雄鳴，是喪家之道也。索音思各反。」

〔六〕師古曰：「繇讀與由同。」

〔七〕師古曰：「與讀曰豫。言政皆出鳳，天子不豫。」

〔八〕師古曰：「視讀曰示。」

〔九〕師古曰：「顓與專同。其下類此。」

〔一〇〕師古曰：「易之明夷卦曰：『明入地中，明夷。』夷，傷也，離下坤上，言日在地中，傷其明也。知時，謂知天時者也。賢而被傷，故取明夷之義。」

〔三〕師古曰：「言虛僞無實之人矯惑於衆在職位也。」

成公七年「正月，鼷鼠食郊牛角；〔一〕改卜牛，又食其角」。劉向以爲近青祥，亦牛旤也，不敬而傋霿之所致也。昔周公制禮樂，成周道，故成王命魯郊祀天地，以尊周公。至成公時，三家始顓政，魯將從此衰。天愍周公之德，痛其將有敗亡之旤，故於郊祭而見戒云。鼠，小蟲，性盜竊，鼷又其小者也。牛，大畜，祭天尊物也。角，兵象，在上，君威也。小小鼷鼠，食至尊之牛角，象季氏乃陪臣盜竊之人，將執國命以傷君威而害周公之祀也。改卜牛，鼷鼠又食其角，天重語之也。〔二〕成公怠慢昏亂，遂君臣更執于晉。〔三〕至于襄公，晉爲溴梁之會，〔四〕天下大夫皆奪君政。〔五〕其後三家逐昭公，卒死于外，〔六〕幾絕周公之祀。〔七〕董仲舒以爲鼷鼠食郊牛，皆養牲不謹也。京房易傳曰：「祭天不愼，厥妖鼷鼠齧郊牛角。」

〔一〕師古曰：「鼷，小鼠也，卽今所謂甘鼠者，音奚。」

〔二〕師古曰：「重音直用反。」

〔三〕師古曰：「更，互也。十年秋，公如晉，晉人以公爲貳於楚，故止公，至十一年三月乃得歸。十六年秋，公會晉侯於沙隨，晉受叔孫僑如之譖而止公。是年九月，又信僑如之譖，執季孫行父，舍之於苕丘，十二月乃得歸。故云君臣更執也。更音工衡反。」

〔四〕師古曰：「襄十六年，晉平公會諸侯于溴梁。溴梁者，溴水之梁也。溴水出河內軹縣東南，至溫入河。溴音工覓反。」

〔五〕師古曰：「溴梁之會，諸侯皆在，而魯叔孫豹、晉荀偃、宋向戌、衞甯殖、鄭公孫蠆、小邾之大夫盟，是奪其君政也。」

〔六〕師古曰：「已解於上。」

〔七〕師古曰：「幾音鉅衣反。」

定公十五年「正月，鼷鼠食郊牛，牛死」。劉向以爲定公知季氏逐昭公，辠惡如彼，親用孔子爲夾谷之會，齊人倈歸鄆、讙、龜陰之田，〔一〕聖德如此，反用季桓子，淫於女樂，而退孔子，無道甚矣。〔二〕詩曰：「人而亡儀，不死何爲！」〔三〕是歲五月，定公薨，牛死之應也。京房易傳曰：「子不子，鼠食其郊牛。」

〔一〕師古曰：「夾谷，齊地也，一名祝其。定公十年，公與齊侯會於夾谷，齊侯欲使萊人以兵劫公。孔子以公退，命士衆兵之，齊侯乃止。又欲以盟要公，孔子不欲，使茲無還以辭對。又欲詐享公，孔子又距而不受。於是齊人乃服。先是季氏之臣陽貨以鄆、讙、龜陰之田奔齊，至此會，乃以歸我。鄆、讙，二邑名。龜陰，龜山之陰。夾音頰。讙音驩。」

〔二〕師古曰：「桓子，季平子之子季孫斯也。女樂已解於上。」

〔三〕師古曰：「衞詩相鼠之篇也。（無）〔亡〕儀，無禮儀也。」

哀公元年「正月，鼷鼠食郊牛」。劉向以爲天意汲汲於用聖人，逐三家，故復見戒也。〔一〕哀公年少，不親見昭公之事，故見敗亡之異。已而哀不寤，身奔於粤，此其效也。〔二〕

〔一〕師古曰：「聖人，孔子也。見，顯也。」

〔二〕師古曰：「哀二十七年，公欲以越伐魯而去三桓，公如公孫有山氏，因遜于邾，遂如越。國人施罪於公孫有山氏，而立哀公之子悼公。」

昭帝元鳳元年九月，燕有黃鼠銜其尾舞王宮端門中，〔一〕王往視之，鼠舞如故。王使吏以酒脯祠，鼠舞不休，一日一夜死。近黃祥，時燕剌王旦謀反將死之象也。其月，發覺伏辜。京房易傳曰：「誅不原情，厥妖鼠舞門。」〔二〕

〔一〕師古曰：「宮之正門。」

〔二〕師古曰：「不原情者，不得其本情。」

成帝建始四年九月，長安城南有鼠銜黃蒿、柏葉，上民冢柏及楡樹上爲巢，桐柏尤多。〔一〕巢中無子，皆有乾鼠矢數十。時議臣以爲恐有水災。鼠，盜竊小蟲，夜出晝匿；今晝去穴而登木，象賤人將居顯貴之位也。桐柏，衞思后園所在也。其後，趙皇后自微賤登至尊，與衞后同類。趙后終無子而爲害。明年，有鳶焚巢，殺子之異也。〔二〕天象仍見，甚可畏也。〔三〕一曰，皆王莽竊位之象云。京房易傳曰：「臣私祿罔辟，〔四〕厥妖鼠巢。」

〔一〕師古曰：「桐柏，本亭名，衞思后於其地葬也。」

〔二〕師古曰：「鳶，鴟也，音弋全反。」

〔三〕師古曰：「仍，頻也。」

〔四〕李奇曰：「辟，君也。擅私爵祿，誣罔其君。」

文公十三年，「大室屋壞」。近金沴木，木動也。先是，冬，釐公薨，十六月乃作主。〔一〕後六月，又吉禘於太廟而致釐公，〔二〕春秋譏之。經曰：「大事於太廟，躋釐公。」〔三〕左氏說曰：太廟，周公之廟，饗有禮義者也；祀，國之大事也。惡其亂國之大事於太廟，故言大事也。躋，登也，登釐公於愍公上，逆祀也。釐雖愍之庶兄，嘗爲愍臣，臣子一例，不得在愍上。又未三年而吉禘，前後亂賢父聖祖之大禮，內爲貌不恭而狂，外爲言不從而僭。故是歲自十二月不雨，至于秋七月。後年，若是者三，而太室屋壞矣。前堂曰太廟，中央曰太室；屋，其上重屋尊高者也，象魯自是陵夷，將墮周公之祀也。〔四〕穀梁、公羊經曰，世室，魯公伯禽之廟也。周公稱太廟，魯公稱世室。大事者，祫祭也。〔五〕躋釐公者，先禰後祖也。

〔一〕師古曰：「主，廟主也。僖公三十三年十二月薨，至文二年二月乃作主，閒有一閏，故十六月也。」

〔二〕師古曰：「禘，祭也，（二）〔三〕而祭之。文二年八月而禘，距作主六月也。致謂（外）〔升〕其主於廟。」

〔三〕師古曰：「躋音子奚反，又音子詣反。」

〔四〕師古曰：「墮，毀也，音火規反。」

〔五〕師古曰：「祫，合也。毀廟及未毀廟之主，皆合祭於太祖。」

景帝三年十二月，吳二城門自傾，大船自覆。劉向以爲近金沴木，木動也。先是，吳王濞以太子死於漢，稱疾不朝，陰與楚王戊謀爲逆亂。城猶國也，其一門名曰楚門，一門曰魚門。吳地以船爲家，以魚爲食。天戒若曰，與楚所謀，傾國覆家。吳王不寤，正月，與楚俱起兵，身死國亡。京房易傳曰：「上下咸誖，厥妖城門壞。」〔一〕

〔一〕師古曰：「誖，惑也，音布內反。」

宣帝時，大司馬霍禹所居第門自壞。時禹內不順，外不敬，見戒不改，卒受滅亡之誅。

哀帝時，大司馬董賢第門自壞。時賢以私愛居大位，賞賜無度，驕嫚不敬，大失臣道，見戒不改。後賢夫妻自殺，家徙合浦。

傳曰：「言之不從，是謂不艾，〔一〕厥咎僭，厥罰恆陽，厥極憂。時則有詩妖，時則有介蟲之孽，時則有犬旤，時則有口舌之痾，時則有白眚白祥。惟木沴金。」

〔一〕師古曰：「艾讀曰乂。」

「言之不從」，從，順也。「是謂不乂」，乂，治也。孔子曰：「君子居其室，出其言不善，則千里之外違之，況其邇者虖！」〔二〕詩云：「如蜩如螗，如沸如羹。」〔三〕言上號令不順民心，虛譁憒亂，則不能治海內，失在過差，故其咎僭。僭，差也。刑罰妄加，羣陰不附，則陽氣勝，故其罰常陽也。旱傷百穀，則有寇難，上下俱憂，故其極憂也。君炕陽而暴虐，〔三〕臣畏刑而柑口，〔四〕則怨謗之氣發於謌謠，故有詩妖。介蟲孽者，謂小蟲有甲飛揚之類，陽氣所生也，於春秋爲螽，今謂之蝗，皆其類也。於易，兌爲口，犬以吠守，而不可信，言氣毀故有犬旤。一曰，旱歲犬多狂死及爲怪，亦是也。及人，則多病口喉欬者，故有口舌痾。金色白，故有白眚白祥。凡言傷者，病金氣；金氣病，則木沴之。其極憂者，順之，其福曰康寧。劉歆言傳曰時有毛蟲之孽。說以爲於天文西方參爲虎星，故爲毛蟲。

〔一〕師古曰：「易上繫之辭也。邇，近也。」

〔二〕師古曰：「大雅蕩之詩也。蜩，蟬也。螗，蝘也，即蛁蟟也。謂政無文理，虛言噂沓，如蜩螗之鳴，湯之沸涫，鬻之將孰也。蜩音調。螗音唐。蝘音偃。蛁音貂。蟟音聊。涫音下館反。」

〔三〕師古曰：「凡言炕陽者，枯涸之意，謂無惠澤於下也。炕音口浪反。」

〔四〕師古曰：「柑，鑷也，音其廉反。鑷音女涉反。」

史記周單襄公與晉郤錡、郤犫、郤至、齊國佐語，〔一〕告魯成公曰：「晉將有亂，三郤其當之虖！夫郤氏，晉之寵人也，〔二〕〔三〕卿而五大夫，可以戒懼矣。高位實疾顚，厚味實腊毒。〔三〕今郤伯之語犯，叔迂，季伐。〔三〕犯則陵人，迂則誣人，伐則掩人。有是寵也，而益之以三怨，其誰能忍之！雖齊國子亦將與焉。〔四〕立於淫亂之國，而好盡言以招人過，〔五〕怨之本也。唯善人能受盡言，齊其有虖？」〔六〕十七年，晉殺三郤。十八年，齊殺國佐。凡此屬，皆言不從之咎云。

〔一〕師古曰：「單襄公，解已在前。郤錡，駒伯也。郤犨，苦成叔也。郤至，昭子，即溫季也。國佐，齊大夫國武子也。」
〔二〕師古曰：「顚，仆也。腊，久也。言位高者必速顚仆也，味厚者爲毒久。」
〔三〕師古曰：「伯，駒伯也。叔，苦成叔也。季，溫季也。犯，侵也。迂，夸誕也。伐，矜尙也。」
〔四〕師古曰：「與讀曰豫。豫於禍。」
〔五〕蘇林曰：「招音翹。招，舉也。」師古曰：「盡言，猶極言也。」
〔六〕師古曰：「言無善人不能受盡言。」

晉穆侯以條之役生太子，名之曰仇；〔一〕其弟以千畮之戰生，名之曰成師。〔二〕師服曰：「異哉，君之名子也！〔三〕夫名以制誼，誼以出禮，〔四〕禮以體政，政以正民，〔五〕是以政成而民聽；易則生亂。〔六〕嘉耦曰妃，怨耦曰仇，古之命也。〔七〕今君名太子曰仇，弟曰成師，始兆亂矣，兄其替虖！」〔八〕及仇嗣立，是爲文侯。文侯卒，子昭侯立，封成師于曲沃，號桓叔。〔九〕後晉人殺昭侯而納桓叔，不克。〔一〇〕復立昭侯子孝侯，桓叔子嚴伯殺之。晉人立其弟鄂侯。鄂侯生哀侯，嚴伯子武公復殺哀侯及其弟，滅之，而代有晉國。〔一一〕

〔一〕師古曰：「穆侯，僖侯之孫也。條，晉地也。蓋以敵來侵己，當戰時而生，故取仇忿之義以名子。」
〔二〕師古曰：「太子之弟，即桓叔也。畮，古畝字也。千畮亦地名，意取能成其師衆也。」

〔三〕師古曰：「師服，晉大夫。」

〔四〕師古曰：「先制義理然後立名。義理既定，禮由之出。」

〔五〕師古曰：「政以禮成，俗所以正。」

〔六〕師古曰：「反易禮義，則亂生也。」

〔七〕師古曰：「本自古昔而有此名。」

〔八〕師古曰：「替，廢也。」

〔九〕師古曰：「昭侯國亂身危，不能自安，故封成師爲曲沃伯也。桓，謚也。昭侯叔父，故謂之叔也。」

〔一〇〕師古曰：「事不遂。」

〔一一〕師古曰：「武始幷晉國，故稱公也。事在桓三年。」

宣公六年，鄭公子曼滿與王子伯廖語，欲爲卿。〔一〕伯廖告人曰：「無德而貪，其在周易豐之離，〔二〕弗過之矣。」〔三〕間一歲，鄭人殺之。〔四〕

〔一〕師古曰：「曼滿、伯廖，皆鄭大夫也。廖音聊。」

〔二〕張晏曰：「離下震上，豐。上六變而之離，曰『豐其屋，蔀其家』也。」

〔三〕師古曰：「言無道德而大其屋，不過三歲，必滅亡也。」

〔四〕師古曰：「間一歲者，中間隔一歲。」

襄公二十九年，齊高子容與宋司徒見晉知伯，汝齊相禮。〔一〕賓出，汝齊語知伯曰：「二子皆將不免！子容專，司徒侈，皆亡家之主也。〔二〕專則速及，侈將以其力斃，專則人實斃之，將及矣。」九月，高子出奔燕。

〔一〕師古曰：「高子容，齊大夫高止也。宋司徒，華定。知伯，晉大夫荀盈也。汝齊，晉大夫司馬侯也。」

〔二〕師古曰：「專，自是也。侈，奢泰。」

襄公三十一年正月，魯穆叔會晉歸，告孟孝伯曰：「趙孟將死矣！〔一〕其語偸，不似民主；〔二〕且年未盈五十，而諄諄焉如八九十者，弗能久矣。〔三〕若趙孟死，爲政者其韓子虖？〔四〕吾子盍與季孫言之？可以樹善，君子也。」〔五〕孝伯曰：「民生幾何，誰能毋偸！〔六〕朝不及夕，將焉用樹！」穆叔告人曰：「孟孫將死矣！吾語諸趙孟之偸也，而又甚焉。」九月，孟孝伯卒。

〔一〕師古曰：「穆叔，即叔孫穆子也。孟孝伯，魯大夫仲孫羯也。趙孟，晉卿趙文子也，名武。前年十月，穆叔與武同會澶泉，至此年正月乃歸。」

〔二〕師古曰：「偸，苟且。」

〔三〕師古曰：「諄諄，重頓之貌也，諄音之閏反。」

〔四〕師古曰：「韓子，韓宣子也，名起。」

〔五〕師古曰：「季孫，謂季武子也，名宿。言韓起有君子之德，方執晉政，可素厚之，以立善也。」

〔六〕師古曰：「幾何，言無多時也。幾音居豈反。」

昭公元年，周使劉定公勞晉趙孟，〔一〕因曰：「子弁冕以臨諸侯，盍亦遠績禹功，而大庇民乎？」〔二〕對曰：「老夫罪戾是懼，焉能恤遠？吾儕偷食，朝不謀夕，何其長也？」〔三〕劉子歸，以語王曰：「諺所謂老將知而耄及之者，其趙孟之謂虖！〔四〕爲晉正卿以主諸侯，而儕于隸人，朝不謀夕，棄神人矣。神怒民畔，何以能久？〔五〕趙孟不復年矣！」〔六〕是歲，秦景公弟后子奔晉，〔七〕趙孟問：「秦君何如？」對曰：「無道。」趙孟曰：「亡虖？」對曰：「何爲？一世無道，國未艾也。〔八〕國于天地，有與立焉，〔九〕不數世淫，弗能敝也。」趙孟曰：「〔天〕〔夭〕虖？」對曰：「有焉。」趙孟曰：「其幾何？」〔一〇〕對曰：「鍼聞國無道而年穀和孰，天贊之也，鮮不五稔。」〔一一〕趙孟視蔭，曰：「朝夕不相及，誰能待五？」〔一二〕后子出而告人曰：「趙孟將死矣！主民玩歲而愒日，其與幾何？」〔一三〕冬，趙孟卒。昭五年，秦景公卒。

〔一〕師古曰：「周，周景王也。劉定公，周卿也，食邑於劉，名夏。是時，孟與諸侯會於虢，故就而勞之。」

〔二〕師古曰：「時館於洛汭，因見河洛而美禹功，故言之也。弁冕，冠也。言今服冠冕有國家，何不追績禹功，而庇蔭其人乎？」

〔三〕師古曰：「儕，等也。言且得食而已，苟免目前，不能念其長久也。儕音仕皆反。」

〔四〕師古曰：「諺，俗所傳言也。八十曰耄。耄，亂也。言人年老閱歷既多，謂將益智，而又耄亂也。」

〔五〕師古曰：「言其自比賤隸，而無恤下之心，人爲神主，故神人皆去也。」

〔六〕師古曰：「謂其即死，不復見明年。」

〔七〕師古曰：「后子，即公子鍼。」
〔八〕師古曰：「艾讀曰刈。刈，絕也。」
〔九〕師古曰：「言在天地之間，多欲輔助，相與共成立之。」
〔一〇〕師古曰：「言當幾時也。音居豈反。」
〔一一〕師古曰：「贊，佐助之也。鮮，少也。稔，孰也。穀孰爲一稔。言少尚當五年，多則或不當也。稔音人甚反。」
〔一二〕師古曰：「蔭謂日之蔭影也。趙孟自以年暮，朝不及夕，故言五年不可待也。蔭讀與陰同。」
〔一三〕師古曰：「玩，愛也。愒，貪也。與幾何，言不能久也。愒音口蓋反。」

昭公元年，楚公子圍會盟，〔一〕設服離衞。〔二〕魯叔孫穆子曰：「楚公子美矣君哉！」〔三〕伯州犂曰：「此行也，辭而假之寡君。」〔四〕鄭行人子羽曰：「假不反矣。」〔五〕伯州犂曰：「子姑憂子晳之欲背誕也。」〔六〕子羽曰：「假而不反，子其無憂虖？」〔七〕齊國子曰：「吾代二子閔矣。」〔八〕陳公子招曰：「不憂何成？二子樂矣！」〔九〕衞齊子曰：「苟或知之，雖憂不害。」〔一〇〕退會，子羽告人曰：「齊、衞、陳大夫其不免乎！國子代人憂，子招樂憂，齊子雖憂弗害。夫弗及而憂，與可憂而樂，與憂而弗害，皆取憂之道也。〔一一〕太誓曰：『民之所欲，天必從之。』〔一二〕三大夫兆憂矣，能無至乎！〔一三〕言以知物，其是之謂矣。」〔一四〕

〔一〕師古曰：「圍，楚恭王之子也。時爲楚令尹，與齊、宋、衞、陳、蔡、鄭會于虢。」
〔二〕張晏曰：「設服者，設人君之服。離衞者，二人執戈在前也。」師古曰：「離列人君之侍衞也。」

〔三〕師古曰：「穆子，叔孫豹也。言其服美似人君也。」

〔四〕師古曰：「伯州犂，楚太宰也。言受楚王之命，假以此禮耳。蓋爲其令尹文過。」

〔五〕師古曰：「行人，官名。子羽，公孫揮字也。假不反矣，言將遂爲君。」

〔六〕應劭曰：「子晳攻殺伯有，今又背盟，欲復作亂也。」師古曰：「子晳，鄭大夫公孫黑也。背誕者，背命放誕，欲爲亂也。子且自憂此，無憂令尹不反戈也。」

〔七〕師古曰：「言令尹將圖爲君，則楚國有難，子亦有憂也。」

〔八〕應劭曰：「閔，憂也。二子，伯州犂，行人子羽也。」師古曰：「國子，齊大夫國弱也。二子，謂王子圍及伯州犂也。圍以是年篡位，而不能令終，州犂亦爲圍所殺，故言可閔。應說非也。」

〔九〕應劭曰：「言國有憂，已乃得以成功也。」師古曰：「招，陳公子，哀公弟也。言因憂以成事，寧成而樂也。招音韶。」

〔一〇〕師古曰：「齊子，衞大夫齊惡也。言先知爲備，雖有憂難，無所損害。」

〔一一〕師古曰：「弗及而憂，謂憂不及己而妄憂也。」

〔一二〕師古曰：「太誓，周書也。」

〔一三〕師古曰：「兆憂，謂開憂兆也。」

〔一四〕師古曰：「物，類也。察其所言，以知禍福之類。」

昭公十五年，晉籍談如周葬穆后，〔一〕既除喪而燕，〔二〕王曰：「諸侯皆有以填撫王室，晉獨無有，何也？」〔三〕籍談對曰：「諸侯之封也，皆受明器於王室，故能薦彝器。〔四〕晉居深山，戎翟之與鄰，拜戎不暇，其何以獻器？」王曰：「叔氏其忘諸乎！〔五〕叔父唐叔，成王之母弟，其反亡分乎？〔六〕昔而高祖司晉之典籍，〔七〕以爲大正，故曰籍氏。女，司典之後也，何故忘之？」籍談不能對。賓出，王曰：「籍父其無後乎！數典而忘其祖。」〔八〕籍談歸，以語叔嚮。叔嚮曰：「王其不終乎！吾聞所樂必卒焉。〔九〕今王樂憂，若卒以憂，不可謂終。王一歲而有三年之喪二焉，〔一〇〕於是乎以喪賓燕，又求彝器，樂憂甚矣。三年之喪，雖貴遂服，禮也。〔一一〕王雖弗遂，燕樂已早。〔一二〕禮，王之大經也；一動而失二禮，無大經矣。〔一三〕言以考典，典以志經。〔一四〕忘經而多言舉典，將安用之！」

〔一〕師古曰：「籍談，晉大夫也。穆后，周景王之后謚穆也。」

〔二〕師古曰：「燕與宴同。」

〔三〕師古曰：「塡撫王室，謂獻器物也。塡音竹刃反。」

〔四〕師古曰：「明器，明德之器也。彝器，常可寶用之器也。」

〔五〕師古曰：「叔，籍談字也。一曰叔父之使，故謂之叔氏也。」

〔六〕師古曰：「分音扶問反。」

〔七〕師古曰：「而亦汝。」

〔八〕師古曰：「忘祖業。」

〔九〕師古曰：「言志之所樂，終於此事。」

〔一〇〕師古曰：「爲太子三年，妻死三年乃娶，達子之志。言三年之喪，二后及太子也。」

〔一一〕師古曰：「遂猶竟。」

〔一二〕師古曰：「天子除喪，當在卒哭，今適既葬，故譏其早也。」

〔一三〕師古曰：「經謂常法也。既不遂服，又卽宴樂，是失二禮。」

〔一四〕師古曰：「考，成也。志，記也。」

哀公十六年，孔丘卒，公誄之曰：「（昊）〔旻〕天不弔，不憖遺一老，俾屏予一人。」〔一〕子贛曰：「君其不歿於魯乎？夫子之言曰：『禮失則昏，名失則愆。』〔二〕失志爲昏，失所（謂）〔爲〕愆。生弗能用，死而誄之，非禮也；稱『予一人』，非名也。〔三〕君兩失之。」二十七年，公孫于邾，〔四〕遂死於越。〔五〕

〔一〕應劭曰：「憖，且辭也。言（昊）〔旻〕天不善於魯，不且遺一老，使屏蔽我一人也。」師古曰：「憖音魚覲反。」

〔二〕師古曰：「夫子謂孔子也。昏謂惑也。愆，過也。」

〔三〕師古曰：「天子自稱曰『予一人』，非諸侯之號，故云非名。」

〔四〕師古曰：「孫讀曰遜。」

〔五〕師古曰：「已解於上。」

庶徵之恆陽，劉向以爲春秋大旱也。其夏旱雩祀，謂之大雩。不傷二穀，謂之不雨。

京房易傳曰：「欲德不用茲謂張，〔一〕厥災荒。荒，旱也，其旱陰雲不雨，變而赤，因而除。師出過時茲謂廣，〔二〕其旱不生。上下皆蔽茲謂隔，其旱天赤三月，時有雹殺飛禽。上緣求妃茲謂僭，〔三〕其旱三月大溫亡雲。居高臺府，茲謂犯陰侵陽，其旱萬物根死，數有火災。庶位踰節茲謂僭，其旱澤物枯，爲火所傷。」

〔一〕孟康曰：「欲得賢者而不用，人君徒張此意。」

〔二〕李奇曰：「廣音曠。」韋昭曰：「謂怨曠也。」

〔三〕師古曰：「緣，歷也。言歷衆處而求妃妾也。」

釐公二十一年「夏，大旱」。董仲舒、劉向以爲齊(威)〔桓〕既死，諸侯從楚，釐尤得楚心。楚來獻捷，釋宋之執。〔一〕外倚彊楚，炕陽失衆，又作南門，勞民興役。〔二〕諸雩旱不雨，略皆同說。

〔一〕師古曰：「謂此年楚執宋公以伐宋，多使宜申來獻捷，十二月盟于薄，釋宋公也。」

〔二〕師古曰：「南門本名稷門，更改高大而作之。事在二十年。」

宣公七年「秋，大旱」。是夏，宣與齊侯伐萊。〔一〕

〔一〕師古曰：「萊國即東萊黃縣也。」

襄公五年「秋，大雩」。先是宋魚石犇楚，〔一〕楚伐宋，取彭城以封魚石。〔二〕鄭畔于中國而附楚，〔三〕襄與諸侯共圍彭城，〔四〕城鄭虎牢以禦楚。〔五〕是歲鄭伯使公子發來聘，〔六〕使大夫會吳于善道。〔七〕外結二國，內得鄭聘，有炕陽動衆之應。

〔一〕師古曰：「犇，古奔字也。事在成十五年。魚石，宋左師也，公子目夷之曾孫也。」

〔二〕師古曰：「事在成十八年。」

〔三〕師古曰：「自鄢陵戰後，鄭遂不服，故諸侯屢侵伐之。」

〔四〕師古曰：「謂襄元年使仲孫蔑會晉欒黶、宋華元、衞甯殖、曹人、莒人、邾人、滕人、薛人圍彭城。」

〔五〕師古曰：「事在二年。武牢本鄭邑，時已屬晉，蓋追言之。」

〔六〕師古曰：「公子發，鄭穆公之子，子產之父也，字子國。」

〔七〕師古曰：「使仲孫蔑會吳也。善道，地名。」

八年「九月，大雩」。時作三軍，季氏盛。〔一〕

〔一〕師古曰：「萬二千五百人爲軍。魯本立上下二軍，皆屬於公，有事則三卿遞帥之而征伐。今季氏欲專其人，故增立中軍，三卿各主其一也。事在十一年。」

二十八年「八月，大雩」。先是，比年晉使荀吳、齊使慶封來聘，〔一〕是夏邾子來朝。襄有炕陽自大之應。

〔一〕師古曰：「比年，頻年也。荀吳，晉大夫，即荀偃之子也，二十六年晉侯使來聘。慶封，齊大夫也，二十七年齊侯使來聘。」

昭公三年「八月，大雩」。劉歆以爲昭公即位年十九矣，猶有童心，居喪不哀，炕陽失衆。六年「九月，大雩」。先是莒牟夷以二邑來奔，〔一〕莒怒伐魯，叔弓帥師，距而敗之，昭得入晉。〔二〕外和大國，內獲二邑，取勝鄰國，有炕陽動衆之應。

〔一〕師古曰：「事在五年。牟夷，莒大夫也。二邑，謂牟婁及防茲也。」

〔二〕師古曰：「叔弓，魯大夫。時昭公適欲朝晉，而遇莒人來討，將不果行。叔弓既敗莒師，公乃得去。故傳云成禮大國，以爲援好也。」

十六年「九月，大雩」。先是昭公母夫人歸氏薨，昭不慼，又大蒐于比蒲。〔一〕晉叔嚮曰：「魯有大喪而不廢蒐。國不恤喪，不忌君也；君亡慼容，不顧親也。殆其失國。」與三年同占。

〔一〕師古曰：「事在昭十一年。歸氏，胡國之女。歸姓，即齊歸也。齊，謚也。蒐謂聚而衆田獵也。比蒲，魯地名。比音毗。」

二十四年「八月，大雩」。劉歆以爲左氏傳二十三年邾師城翼，還經魯地，〔一〕魯襲取邾師，獲其三大夫。〔二〕邾人愬于晉，晉人執我行人叔孫婼，〔三〕是春乃歸之。

〔一〕師古曰：「翼，邾邑也。經者，道出其中也。魯地，謂武城也。」

〔二〕師古曰：「謂徐鉏、丘弱、茅地也。」

〔三〕師古曰：「叔孫昭子也。婼音丑略反。」

二十五年「七月上辛大雩，季辛又雩」，旱甚也。劉歆以爲時后氏與季氏有隙。〔一〕又季氏之族有淫妻爲讒，使季平子與族人相惡，皆共譖平子。〔二〕子家駒諫曰：「讒人以君徼幸，不可。」〔三〕昭公遂伐季氏，爲所敗，出犇齊。

〔一〕師古曰：「后氏，郈昭伯也。季氏，季平子也。季、郈之雞鬭，季氏芥其雞，郈子爲之金距。平子怒，益宮於郈氏，且責讓之，故郈昭伯怨之。」

〔二〕師古曰：「謂平子庶叔父公鳥之妻季姒與雍人檀通，而譖季氏之族人季公亥、公思展，故平子殺思展，以故族人皆怨之。」

〔三〕師古曰：「子家駒即子家懿伯，莊公之玄孫也，一名羈。」

定公（十）〔七〕年「九月，大雩」。先是定公自將侵鄭，歸而城中城。二大夫帥師圍鄆。〔一〕

〔一〕師古曰：「事並在六年。中城，魯之邑也。二大夫謂季孫斯、仲孫何忌。」

嚴公三十一年「冬，不雨」。是歲，一年而三築臺，〔一〕奢侈不恤民。

〔一〕師古曰：「是年春築臺于郎，夏築臺于薛，秋築臺于秦。秦、郎、薛，皆魯地。」

釐公二年「冬十月不雨」，三年「春正月不雨，夏四月不雨」，「六月雨」。先是者，嚴公夫人與公子慶父淫，而殺二君。〔一〕國人攻之，夫人遜于邾，慶父犇莒。釐公即位，南敗邾，〔二〕東敗莒，獲其大夫。〔三〕有炕陽之應。

〔一〕師古曰：「慶父，桓公之子，莊公弟也。二君，謂子般及閔公。」

〔二〕師古曰：「謂元年公敗邾師于偃。」

〔三〕師古曰：「謂元年公子友帥師敗莒師于酈，獲莒挐也。」

文公二年，「自十有二月不雨，至于秋七月」。文公即位，天子使叔服會葬，〔一〕毛伯賜命。〔二〕又會晉侯于戚。〔三〕公子遂如齊納幣。〔四〕又與諸侯盟。〔五〕上得天子，外得諸侯，沛然自大。〔六〕躋釐公主。大夫始顓事。〔七〕

〔一〕師古曰：「叔服，周之內史也，叔氏，服字。會葬，葬僖公。」

〔二〕師古曰：「亦天子使之也。毛伯，周之卿士。毛，國；伯，爵也。賜命者，賜以命圭爲瑞信也。」

〔三〕師古曰：「謂大夫公孫敖會之也。戚，衞邑，在頓丘衞縣西。」

〔四〕師古曰：「納玄纁之幣，謂公爲婚於齊。」

〔五〕師古曰：「謂公孫敖會宋公、陳侯、鄭伯、晉士穀盟于垂隴也。垂隴，鄭地。」

〔六〕師古曰：「沛音普大反。」

〔七〕師古曰：「謂季孫行父也。顓讀與專同。」

十年，「自正月不雨，至于秋七月」。先是公子遂會四國而救鄭。〔一〕楚使越椒來聘。〔二〕秦人歸襚。〔三〕有炕陽之應。

〔一〕師古曰：「謂九年楚人伐鄭，公子遂會晉人、宋人、衞人、許人以救之。」

〔二〕師古曰：「越椒，楚大夫名也。事亦在九年。」

〔三〕師古曰：「謂九年秦人來歸僖公及成風之襚也。凡問喪者，衣服曰襚。成風，僖公之母也。成，謚也。風，姓也。」

穟音遂。」

十三年，「自正月不雨，至于秋七月」。先是曹伯、杞伯、滕子來朝，〔一〕郕伯來奔，〔二〕秦伯使遂來聘，〔三〕季孫行父城諸及鄆。〔四〕二年之間，五國趨之，內城二邑。炕陽失衆。一曰，不雨而五穀皆孰，異也。文公時，大夫始顓盟會，公孫敖會晉侯，又會諸侯盟于垂隴。故不雨而生者，陰不出氣而私自行，以象施不由上出，臣下作福而私自成。一曰，不雨近常陰之罰，君弱也。

〔一〕師古曰：「十一年曹伯來朝，十二年杞伯、滕子來朝。」
〔二〕師古曰：「事在十二年。郕，國；伯，爵也。」
〔三〕師古曰：「事在十二年。遂，秦大夫名，即左氏所謂西乞術。」
〔四〕師古曰：「事在十二年。諸、鄆，二邑名也。諸即琅邪諸縣也。」

惠帝五年夏，大旱，江河水少，谿谷絕。先是發民男女十四萬六千人城長安，是歲城乃成。

文帝三年秋，天下旱。是歲夏，匈奴右賢王寇侵上郡，詔丞相灌嬰發車騎士八萬五千人詣高奴，〔一〕擊右賢王走出塞。其秋，濟北王興居反，使大將軍討之，皆伏誅。

〔一〕師古曰：「即上郡之縣。」

後六年春，天下大旱。先是發車騎材官屯廣昌，〔一〕是歲二月復發材官屯隴西。後匈奴大入上郡、雲中，烽火通長安，三將軍屯邊，〔二〕又三將軍屯京師。〔三〕

〔一〕師古曰：「武都之縣。」

〔二〕師古曰：「謂以中大夫令免爲車騎將軍屯飛狐，故楚相蘇意爲將軍屯句注，將軍張武屯北地。」

〔三〕師古曰：「謂河內太守周亞夫爲將軍次細柳，宗正劉禮爲將軍次霸上，祝茲侯徐厲爲將軍次棘門。」

景帝中三年秋，大旱。

武帝元光六年夏，大旱。是歲，四將軍征匈奴。〔一〕

〔一〕師古曰：「謂車騎將軍衞青出上谷，騎將軍公孫敖出代，輕車將軍公孫賀出雲中，驍騎將軍李廣出鴈門。」

元朔五年春，大旱。是歲，六將軍衆十餘萬征匈奴。〔一〕

〔一〕師古曰：「謂衞青將六將軍兵也。六將軍者，衞尉蘇建爲游擊將軍，左內史李沮爲彊弩將軍，大僕公孫賀爲騎將軍，代相李蔡爲輕車將軍，俱出朔方；大行李息、岸頭侯張次公爲將軍，出右北平。」

元狩三年夏，大旱。是歲發天下故吏伐棘上林，穿昆明池。

天漢元年夏，大旱；其三年夏，大旱。先是貳師將軍征大宛還。天漢元年，發適民。〔一〕

〔一〕師古曰：「適讀曰謫。」

二年夏，三將軍征匈奴，〔二〕李陵沒不還。

〔二〕師古曰：「謂貳師將軍三萬騎出酒泉，因杅將軍出西河，騎都尉李陵將步兵五千人出居延北也。」

征和元年夏，大旱。是歲發三輔騎士閉長安城門，大搜，始治巫蠱。明年，衞皇后、太子敗。

昭帝始元六年，大旱。先是大鴻臚田廣明征益州，暴師連年。

宣帝本始三年夏，大旱，東西數千里。先是五將軍衆二十萬征匈奴。〔一〕

〔一〕師古曰：「本始三年，御史大夫田廣明爲祁連將軍，後將軍趙充國爲蒲類將軍，雲中太守田順爲武牙將軍，及渡遼將軍范明友、前將軍韓增，凡五將軍，兵十五萬騎。校尉常惠持節護烏孫兵，咸擊匈奴，是爲二十萬衆也。」

神爵元年秋，大旱。是歲，後將軍趙充國征西羌。

成帝永始三年、四年夏，大旱。

左氏傳晉獻公時童謠曰：「丙〔子〕之晨，龍尾伏辰，袀服振振，取虢之旂。〔一〕鶉之賁賁，天策焞焞，火中成軍，虢公其奔。」〔二〕是時虢爲小國，介夏陽之阸，怙虞國之助，〔三〕亢衡于晉，有炕陽之節，失臣下之心。晉獻伐之，問於卜偃曰：「吾其濟乎？」〔四〕偃以童謠對曰：「克之。十月朔丙子旦，日在尾，月在策，鶉火中，必此時也。」冬十二月丙子朔，晉師滅虢，虢公醜奔周。周十二月，夏十月也。言天者以夏正。

〔一〕師古曰：「徒歌曰謠。袀服，黑衣。振振，袀服之貌也。袀音〔勻〕〔均〕，又音弋春反。振音只人反。」

〔二〕師古曰：「（犇）〔賁〕音奔。焞音吐敦反，又音敦。犇，古奔字。」

〔三〕師古曰：「介，隔也。」

〔四〕師古曰：「卜偃，晉大夫主卜者。」

史記晉惠公時童謠曰：「恭太子更葬兮，後十四年，晉亦不昌，昌乃在其兄。」是時，惠公賴秦力得立，立而背秦，內殺二大夫，〔一〕國人不說。〔二〕及更葬其兄恭太子申生而不敬，故詩妖作也。後與秦戰，爲秦所獲，立十四年而死。晉人絕之，更立其兄重耳，是爲文公，遂伯諸侯。〔三〕

〔一〕師古曰：「謂里克、丕鄭。」

〔二〕師古曰：「說讀曰悅。」

〔三〕師古曰：「伯讀曰霸。」

左氏傳文、成之世童謠曰：「鸜之鵒之，公出辱之。〔一〕鸜鵒之羽，公在外野，往饋之馬。〔二〕鸜鵒跦跦，公在乾侯，〔三〕徵褰與襦。〔四〕鸜鵒之巢，遠哉搖搖；〔五〕裯父喪勞，宋父以驕。〔六〕鸜鵒鸜鵒，往歌來哭。」〔七〕至昭公時，有鸜鵒來巢。公攻季氏，敗，出奔齊，居外野，次乾侯。八年，死于外，歸葬魯。昭公名裯。公子宋立，是爲定公。

〔一〕師古曰：「鸜音劬。鵒音欲。」

〔二〕師古曰：「饋亦餽字。」

〔三〕臣瓚曰：「乾侯，在魏郡斥丘縣。」師古曰：「跦跦，跳行貌也。跦音誅。乾音干。」

〔四〕師古曰：「徵，求也。褰，袴也。言公出外求袴襦之服。」

〔五〕師古曰：「搖搖，不安之貌。」

〔六〕師古曰：「父讀曰甫。甫者，男子之通號，故云裯甫、宋甫也。言昭公欲去季氏，不遂而出，故曰喪勞。定公無德於下，坐致君位，故曰以驕。」

〔七〕師古曰：「謂昭公生時出奔，死乃以喪歸之。」

元帝時童謠曰：「井水溢，滅竈煙，灌玉堂，流金門。」至成帝建始二年三月戊子，北宮中井泉稍上，溢出南流，象春秋時先有鸜鵒之謠，而後有來巢之驗。井水，陰也；竈煙，陽也；玉堂、金門，至尊之居：象陰盛而滅陽，竊有宮室之應也。王莽生於元帝初元四年，至成帝封侯，爲三公輔政，因以篡位。

成帝時童謠曰：「燕燕尾涏涏，〔一〕張公子，時相見。木門倉琅根，燕飛來，啄皇孫，皇孫死，燕啄矢。」其後帝爲微行出遊，常與富平侯張放俱稱富平侯家人，過(河陽)〔陽阿〕主作樂，見舞者趙飛燕而幸之，故曰「燕燕尾涏涏」，美好貌也。張公子謂富平侯也。「木門倉琅根」，謂宮門銅鍰，〔二〕言將尊貴也。後遂立爲皇后。弟昭儀賊害後宮皇子，卒皆伏辜，所謂「燕飛來，啄皇孫，皇孫死，燕啄矢」者也。

〔一〕師古曰：「涏涏，光澤貌也，音徒見反。」

〔三〕師古曰：「門之鋪首及銅鍰也。銅色青，故曰倉琅。鋪首銜環，故謂之根。鍰讀與環同。」

成帝時謌謠又曰：「邪徑敗良田，讒口亂善人。桂樹華不實，黃爵巢其顛。故爲人所羨，今爲人所憐。」桂，赤色，漢家象。華不實，無繼嗣也。王莽自謂黃，象黃爵巢其顛也。

嚴公十七年「冬，多麋」。劉歆以爲毛蟲之孽爲災。劉向以爲麋色青，近青祥也。麋之爲言迷也，蓋牝獸之淫者也。是時，嚴公將取齊之淫女，其象先見，天戒若曰，勿取齊女，淫而迷國。嚴不寤，遂取之。夫人既入，淫於二叔，終皆誅死，〔一〕幾亡社稷。〔二〕董仲舒指略同。京房易傳曰：「廢正作淫，大不明，國多麋。」又曰：「震遂泥，〔三〕厥咎國多麋。」

〔一〕師古曰：「謂慶父縊死，叔牙鴆卒，齊人殺哀姜也。」

〔二〕師古曰：「謂子般、閔公前後見殺，而齊侯欲取魯國也。幾音鉅依反。」

〔三〕李奇曰：「從三至五，有坎象。坎爲水，四爲泥在水中，故曰震遂泥。泥者，泥溺於水，不能自拔，道未光也。或以爲溺於淫女，故其妖多麋。麋，迷也。」師古曰：「此易震卦九四爻辭也。泥音乃計反。」

昭帝時，昌邑王賀聞人聲曰「熊」，視而見大熊。左右莫見，以問郎中令龔遂，遂曰：「熊，山野之獸，而來入宮室，王獨見之，此天戒大王，恐宮室將空，危亡象也。」賀不改寤，後卒失國。

左氏傳襄公十七年十一月甲午，宋國人逐猘狗，〔一〕猘狗入於華臣氏，〔二〕國人從之。臣懼，遂奔陳。先是臣兄閱爲宋卿，〔三〕閱卒，臣使賊殺閱家宰，遂就其妻。宋平公聞之，曰：「臣不唯其宗室是暴，大亂宋國之政。」欲逐之。左師向戌曰：「大臣不順，國之恥也，不如蓋之。」〔四〕公乃止。華臣炕暴失義，內不自安，故犬禍至，以犇亡也。

〔一〕師古曰：「猘，狂也，音征例反。」
〔二〕師古曰：「華臣，華元之子也。」
〔三〕師古曰：「爲右師。」
〔四〕師古曰：「向戌，宋桓公曾孫也。蓋謂覆掩其事也。」

高后八年三月，祓霸上，〔一〕還過枳道，見物如倉狗，橶高后掖，〔二〕忽而不見。卜之，趙王如意爲祟。遂病掖傷而崩。先是高后鴆殺如意，支斷其母戚夫人手足，搉其(服)〔眼〕以爲人彘。〔三〕

〔一〕師古曰：「祓者，除惡之祭也，音廢。」
〔二〕師古曰：「橶謂拘持之也。橶音戟。拘音居足反。」
〔三〕師古曰：「搉謂敲擊去其精也。搉音口角反。凡言彘者，皆豕之别名。」

文帝後五年六月，齊雍城門外有狗生角。〔一〕先是帝兄齊悼惠王亡後，帝分齊地，立其庶子七人皆爲王。〔二〕兄弟並彊，有炕陽心，故犬禍見也。犬守御，角兵象，在前而上鄉者也。〔三〕犬不當生角，猶諸侯不當舉兵鄉京師也。天之戒人蚤矣，〔四〕諸侯不寤。後六年，吳、楚畔，濟南、膠西、膠東三國應之，舉兵至齊。齊王猶與城守，〔五〕三國圍之。會漢破吳、楚，因誅四王。故天狗下梁而吳、楚攻梁，狗生角於齊而三國圍齊。漢卒破吳、楚於梁，誅四王於齊。京房易傳曰：「執政失，下將害之，厥妖狗生角。君子苟免，小人陷之，厥妖狗生角。」

〔一〕師古曰：「雍城門者，齊門名也。春秋左氏傳平陽之役，趙武及秦周伐雍門之(荻)〔萩〕是也。」

〔二〕師古曰：「謂齊孝王將閭、濟北王志、菑川王賢、膠東王雄渠、膠西王卬、濟南王辟光，幷城陽恭王喜，是謂七王。」

〔三〕師古曰：「鄉讀曰嚮。次下亦同。」

〔四〕師古曰：「蚤，古早字。」

〔五〕師古曰：「與讀曰豫。」

景帝三年二月，邯鄲狗與彘交。悖亂之氣，近犬豕之禍也。〔一〕是時趙王遂悖亂，與吳、楚謀爲逆，遣使匈奴求助兵，卒伏其辜。犬，兵革失衆之占；〔二〕豕，北方匈奴之象。逆言失聽，交於異類，以生害也。京房易傳曰：「夫婦不嚴，厥妖狗與豕交。茲謂反德，國有兵革。」

〔一〕師古曰：「悖，惑也，音布內反。此下亦同。」

〔二〕如淳曰：「犬吠守，似兵革外附它類，失衆也。」

成帝河平元年，長安男子石良、劉音相與同居，〔一〕有如人狀在其室中，擊之，爲狗，走出。去後有數人被甲持兵弩至良家，良等格擊，或死或傷，皆狗也。自二月至六月乃止。

〔一〕師古曰：「二人共止一室。」

鴻嘉中，狗與彘交。

左氏昭公二十四年十月癸酉，王子鼂以成周之寶圭湛于河，〔一〕幾以獲神助。〔二〕甲戌，津人得之河上，陰不佞取將賣之，則爲石。〔三〕是時王子鼂篡天子位，萬民不鄉，號令不從，〔四〕故有玉變，近白祥也。癸酉入而甲戌出，神不享之驗云。玉化爲石，貴將爲賤也。後二年，子鼂奔楚而死。

〔一〕師古曰：「以祭河也。爾雅曰：『祭川曰浮沈。』湛讀曰沈。後皆類此。」

〔二〕師古曰：「幾讀曰冀。」

〔三〕師古曰：「陰不佞，周大夫也。」

〔四〕師古曰：「鄉讀曰嚮。」

史記秦始皇帝三十六年，鄭客從關東來，至華陰，望見素車白馬從華山上下，知其非人，道住止而待之。遂至，〔一〕持璧與客曰：「爲我遺鎬池君。」〔二〕因言「今年祖龍死」。〔三〕忽不見。鄭客奉璧，即始皇二十八年過江所湛璧也。與周子鼂同應。是歲，石隕于東郡，民或刻其石曰：「始皇死而地分。」此皆白祥，炕陽暴虐，號令不從，孤陽獨治，羣陰不附之所致也。一曰，石，陰類也，陰持高節，臣將危君，趙高、李斯之象也。始皇不畏戒自省，反夷滅其旁民，而燔燒其石。是歲始皇死，後三年而秦滅。

〔一〕師古曰：「於道上住而待此車馬。」

〔二〕張晏曰：「武王居鎬，鎬池君則武王也。武王伐商，故神云始皇荒淫若紂矣，今亦可伐也。」孟康曰：「長安西南有鎬池。」師古曰：「鎬池在昆明池北。此直江神告鎬池之神，云始皇將死耳，無豫於武王也。張說失矣。」

〔三〕蘇林曰：「祖，始也。龍，人君象。謂始皇也。」

孝昭元鳳三年正月，泰山萊蕪山南匈匈有數千人聲。民視之，有大石自立，高丈五尺，大四十八圍，入地深八尺，三石爲足。石立處，有白烏數千集其旁。眭孟以爲石陰類，下民象，泰山岱宗之嶽，王者易姓告代之處，當有庶人爲天子者。孟坐伏誅。京房易傳曰：「『復，崩來無咎。』〔一〕自上下者爲崩，厥應泰山之石顛而下，〔二〕聖人受命人君虜。」又曰：「石立如人，庶士爲天下雄。立於山，同姓；平地，異姓。立於水，聖人；於澤，小人。」

〔一〕師古曰：「復卦之辭也。今易崩字作朋也。」

〔三〕師古曰：「顛，墜也。」

天漢元年三月，天雨白毛；三年八月，天雨白氂。〔一〕京房易傳曰：「前樂後憂，厥妖天雨羽。」又曰：「邪人進，賢人逃，天雨毛。」

〔一〕師古曰：「凡言氂者，毛之彊曲者也，音力之反。」

史記周威烈王二十三年，九鼎震。〔一〕金震，木動之也。是時周室衰微，刑重而虐，號令不從，以亂金氣。鼎者，宗廟之寶器也。宗廟將廢，寶鼎將遷，故震動也。是歲晉三卿韓、魏、趙篡晉君而分其地，威烈王命以爲諸侯。天子不恤同姓，而爵其賊臣，天下不附矣。後三世，周致德祚於秦。〔二〕其後秦遂滅周，而取九鼎。九鼎之震，木沴金，失衆甚。

〔一〕孟康曰：「威烈，一王之謚也，六國時也。」師古曰：「即赧王之高祖也。」

〔二〕晉灼曰：「赧王奔秦，獻其邑，此謂致德祚也。」

成帝元延元年正月，長安章城門門牡自亡，〔一〕函谷關次門牡亦自亡。〔二〕京房易傳曰：「飢而不損茲謂泰，厥災水，厥咎牡亡。」妖辭曰：「關動牡飛，辟爲亡道臣爲非，厥咎亂臣謀篡。」〔三〕故谷永對曰：「章城門通路寢之路，函谷關距山東之險，城門關守國之固，固將去焉，故牡飛也。」

〔一〕晉灼曰：「西出南頭第一門也。牡是出籥者。」師古曰：「牡所以下閉者也，亦以鐵爲之，非出籥也。」
〔二〕韋昭曰：「函谷關邊小門也。」師古曰：「非行人出入所由，蓋關司曹府所在之門也。」
〔三〕李奇曰：「易妖變傳辭。」

校勘記

一三五二頁九行　唯金沴（水）〔木〕。　景祐、殿本都作「木」。朱一新說作「木」是。

一三五六頁五行　左氏（使）〔傳〕桓公十三年，　景祐、殿、局本都作「傳」，此誤。

一三五七頁一〇行　成肅公受（賑）〔脤〕于社，　景祐、殿本都作「脤」，此誤，局本亦誤。

一三六四頁一三行　勸殺（威）〔桓〕公，　景祐、殿本都作「桓」。

一三六五頁九行　徵，（澄）〔證〕也。　景祐、殿、局本都作「證」。朱一新說作「證」是。

一三六六頁三行　猶（抉）〔決〕，去不反意也。　景祐、殿本都作「決」。王先謙說作「決」是。

一三六六頁一三行　鄭公子士〔洩〕　殿本有「洩」字。朱一新說有「洩」字是。按景祐本無，楊樹達以爲不當有。

一三六七頁九行　高九（尺）〔寸〕，　景祐、殿本都作「寸」。朱一新說作「寸」是。

一三六九頁五行　史（囂）〔嚚〕　殿本作「嚚」。王先謙說作「嚚」是。

一三六九頁一四行　（反）〔及〕後爲悼王。　景祐、殿本都作「及」。朱一新說「反」「及」均誤，當作「也」。

一三七三頁一四行　（無）〔亡〕儀，無禮儀也。　景祐、殿本都作「亡」。王先謙說作「亡」是。

一三七五頁一二行　（二）〔一一〕而祭之。致謂（外）〔升〕其主於廟。　朱一新說汪本「二」作「一一」，「外」作「升」，是。按景祐、殿本同汪本。

一三七七頁　三行　（二）〔三〕卿而五大夫，　景祐本作「三」。朱一新說作「三」是。

一三八一頁　六行　（天）〔夭〕虐？　王念孫說當從景祐本作「夭」，下文「其幾何」正承「夭」字言之。

一三八五頁　六行　（昊）〔旻〕天不弔，　景祐、殿本都作「旻」，注同。按左傳作「旻」。

一三八五頁　七行　失所（謂）〔爲〕慼。　景祐、殿本都作「爲」。

一三八六頁　八行　齊（威）〔桓〕既死，　景祐、殿本都作「桓」。

一三八九頁　八行　定公（十）〔七〕年　蘇輿說據春秋經，定十年無大雩事。其書「九月大雩」，在定七年。「十」疑「七」之誤。

一三九三頁　九行　丙〔子〕之晨，　景祐本有「子」字。王念孫說景祐本是。

一三九三頁一四行　袀音（匀）〔均〕，　景祐、殿本都作「均」。

一三九四頁　一行　（犇）〔賁〕音奔。　殿本作「賁」。王先謙說作「賁」是。

一三九五頁一二行　過（河陽）〔陽阿〕主作樂，　何焯、王念孫都說當作「陽阿」。

一三九七頁一〇行　摧其（服）〔眼〕以爲人彘。　錢大昭說「服」當作「眼」。按景祐、殿本都作「眼」。

一三九八頁七行 伐雍門之〔荻〕〔萩〕是也。朱一新說汪本作「萩」是。按左傳襄十八年文作「萩」。

漢書卷二十七中之下

五行志第七中之下

傳曰：「視之不明，是謂不悊，厥咎舒，厥罰恆奧，〔一〕厥極疾。〔二〕時則有草妖，時則有蠃蟲之孽，〔三〕時則有羊旤，時則有目痾，時則有赤眚赤祥。惟水沴火。」

〔一〕師古曰：「奧讀曰燠。燠，暖也，音於六反。其下並同。」

〔二〕韋昭曰：「以疾爲罰。」

〔三〕師古曰：「螽、螟之類無鱗甲毛羽，故謂之蠃蟲也。音郎果反。」

「視之不明，是謂不悊」，悊，知也。詩云：「爾德不明，以亡陪亡卿；不明爾德，以亡背亡仄。」〔一〕言上不明，暗昧蔽惑，則不能知善惡，親近習，長同類，〔二〕亡功者受賞，有罪者不殺，百官廢亂，失在舒緩，故其咎舒也。盛夏日長，暑以養物，政弛緩，故其罰常奧也。奧則冬溫，春夏不和，傷病民人，故極疾也。誅不行則霜不殺草，繇臣下則殺不以時，〔三〕故有草妖。凡妖，貌則以服，言則以詩，聽則以聲。視則以色者，五色物之大分也，在於眚祥，故聖人以爲草妖，失秉之明者也。〔四〕溫奧生蟲，故有蠃蟲之孽，謂螟螣之類〔五〕當死不死，未當生而生，或多於故而爲災也。劉歆以爲屬思心不容。於易，剛而包柔爲離，〔六〕離爲火爲目。羊上角下〔號〕〔蹏〕，剛而包柔，羊大目而不精明，視氣毀故有羊旤。一曰，暑歲羊多疫死，及爲怪，亦是也。及人，則多病目者，故有目痾。火色赤，故有赤眚赤祥。凡視傷者病火氣，火氣傷則水沴之。其極疾者，順之，其福曰壽。〔七〕劉歆視傳曰有羽蟲之孽，雞旤。說以爲於天文南方喙爲鳥星，故爲羽蟲；旤亦從羽，故爲雞；雞於易自在巽。說非是。庶徵之恆奧，劉向以爲春秋亡冰也。小奧不書，無冰然後書，舉其大者也。京房易傳曰：「祿不遂行茲謂欺，厥咎奧，雨雪四至而溫。臣安祿樂逸茲謂亂，奧而生蟲。知罪不誅茲謂舒，其奧，夏則暑殺人，冬則物華實。重過不誅，茲謂亡徵，其咎當寒而奧六日也。」

〔一〕師古曰：「大雅蕩之詩也。言不別善惡，有逆背傾仄者，有堪爲卿大夫者，皆不知之也。仄，古側字。」
〔二〕師古曰：「習，狎也。近狎者則親愛之，同類者則長益也。」
〔三〕師古曰：「繇讀與由同，言誅罰由於臣下。」
〔四〕師古曰：「謂失所執之權也。晉彼命反。」
〔五〕師古曰：「螟食苗心，螣食苗葉之蟲也。螟音冥。螣音徒得反。」
〔六〕師古曰：「兩陽居外，一陰在內，故云剛包柔。」
〔七〕李奇曰：「於六極之中爲疾者，逆火氣，致疾病也。能順火氣，則旤更爲福。」

桓公十五年「春，亡冰」。劉向以爲周春，今冬也。先是連兵鄰國，三戰而再敗也，〔一〕內失百姓，外失諸侯，不敢行誅罰，鄭伯突篡兄而立，公與相親，〔二〕長養同類，不明善惡之罰也。〔三〕董仲舒以爲象夫人不正，陰失節也。〔四〕

〔一〕師古曰：「三戰者，謂十年齊侯、衞侯、鄭伯來戰于郎，十二年與鄭師伐宋戰于宋，十三年會紀侯、鄭伯及齊侯、宋公、衞侯、燕人戰也。再敗者，謂郎之戰，穀梁傳曰『以吾敗也』，又宋之戰，穀梁亦曰『諱敗，舉其可道者也』。據左氏傳、公羊、穀梁，亦曰無冰，並在十四年，今此云十五年，未詳其意。」

〔二〕師古曰：「突，鄭莊公子，即厲公也。兄謂太子忽，即昭公也。莊公既卒，突因宋莊公之寵而得立，遂使昭公奔衞，故云篡兄也。公與相親者，謂十五年突爲祭仲所逐奔蔡，遂居櫟，而昭公入，公再與諸侯伐鄭，謀納厲公。」

〔三〕師古曰：「言桓篡立，與突志同，故曰長養同類。」

〔四〕師古曰：「夫人姜氏通于齊侯，故云不正。」

成公元年「二月，無冰」。董仲舒以爲方有宣公之喪，君臣無悲哀之心，而炕陽，作丘甲。〔一〕劉向以爲時公幼弱，政舒緩也。

〔一〕師古曰：「時宣公薨始踰年，故云有喪也。丘甲，解在刑法志。」

襄公二十八年「春，無冰」。劉向以爲先是公作三軍，有侵陵用武之意，〔一〕於是鄰國不和，伐其三鄙，〔二〕被兵十有餘年，因之以饑饉，百姓怨望，臣下心離，公懼而弛緩，不敢行誅罰，〔三〕楚有夷狄行，公有從楚心，不明善惡之應。〔四〕董仲舒指略同。一曰，水旱之災，寒暑之變，天下皆同，故曰「無冰」，天下異也。桓公殺兄弒君，外成宋亂，與鄭易邑，背畔周室。〔五〕成公時，楚横行中國，〔六〕王札子殺召伯、毛伯，〔七〕晉敗天子之師于貿戎，〔八〕天子皆不能討。襄公時，天下諸侯之大夫皆執國權，〔九〕君不能制。漸將日甚，善惡不明，誅罰不行。周失之舒，秦失之急，故周衰亡寒歲，秦滅亡奧年。

〔一〕師古曰：「作三軍者，季氏欲專其權，非公本意，此說非也。侵陵用武者，謂入鄆取邿也。邿音詩。」

〔二〕師古曰：「謂十二年三月，十四年夏，莒人伐我東鄙。十五年夏，齊侯伐我北鄙。秋，邾人伐我南鄙。十六年三月，齊侯伐我北鄙。」

〔三〕師古曰：「弛，放也，音式爾反。」

〔四〕師古曰：「有從楚心，謂二十八年公朝于楚。」

〔五〕師古曰：「隱攝公位，又桓之兄，故云殺兄弒君也。成宋亂者，謂宋華父督弒其君殤公及其大夫孔父，以郜大鼎賂公，公會齊侯、鄭伯于稷而平其亂也。與鄭易邑，謂以太山之田易許田也。許田者，魯朝宿之邑也，而以與鄭，明魯之不朝於王，故云背畔周室。」

〔六〕師古曰：「謂成二年楚師侵衞，遂侵我，師于蜀。六年七月，楚公子嬰齊帥師伐鄭。九年，嬰齊帥師伐莒。十五年，楚子伐鄭。十六年，楚子與晉侯、鄭伯戰于鄢陵。十八年，楚子伐宋。」

〔七〕師古曰：「王札子，卽王子捷也。召伯、毛伯，皆周大夫也。今春秋經王札子殺召伯、毛伯事在宣十五年，而此言成公時，未達其說。召讀曰邵。」

〔八〕師古曰：「貿戎，戎別種也。公羊傳成元年：『王師敗績于貿戎。孰敗之？蓋晉敗之。』貿音莫候反。」

〔九〕師古曰：「謂襄十六年會于溴梁，諸侯之大夫盟皆類此。」

武帝元狩六年冬，亡冰。先是，比年遣大將軍衞青、霍去病攻祁連，絕大幕，〔一〕窮追單于，斬首十餘萬級，還，大行慶賞。乃閔海內勤勞，是歲遣博士褚大等六人持節巡行天下，〔二〕存賜鰥寡，假與乏困，舉遺逸獨行君子詣行在所。郡國有以爲便宜者，上丞相、御史以聞。天下咸喜。

〔一〕師古曰：「比，頻也。祁連，山名也。幕，沙磧也。直度曰絕，祁音上夷反。」

〔二〕師古曰：「行音下更反。」

昭帝始元二年冬，亡冰。是時上年九歲，大將軍霍光秉政，始行寬緩，欲以說下。

僖公三十三年「十二月，隕霜不殺草」。劉歆以爲草妖也。劉向以爲今十月，周十二月。於易，「五爲天位，〔爲〕君位，九月陰氣至，五通於天位，其卦爲剝，〔一〕剝落萬物，始大殺矣，明陰從陽命，臣受君令而後殺也。今十月隕霜而不能殺草，此君誅不行，舒緩之應也。是時公子遂顓權，〔二〕三桓始世官，〔三〕天戒若曰，自此之後，將皆爲亂矣。文公不寤，其後遂殺子赤，三家逐昭公。〔四〕董仲舒指略同。京房易傳曰：「臣有緩茲謂不順，厥異霜不殺也。」

〔一〕師古曰：「坤下艮上。」

〔二〕師古曰：「公子遂，莊公之子，即東門襄仲也，時爲卿，專執國政也。」

〔三〕師古曰：「謂父子相繼爲卿也。」

〔四〕師古曰：「並已解於上。」

書序曰：「伊（涉）〔陟〕相太戊，亳有祥，桑穀共生。」〔一〕傳曰：「俱生乎朝，七日而大拱。〔二〕伊陟戒以修德，而木枯。」劉向以爲殷道既衰，高宗承敝而起，盡涼陰之哀，天下應之，〔三〕既獲顯榮，怠於政事，國將危亡，故桑穀之異見。桑猶喪也，穀猶生也，殺生之秉失而在下，〔四〕近草妖也。一曰，野木生朝而暴長，小人將暴在大臣之位，危亡國家，象朝將爲虛之應也。〔五〕

〔一〕師古曰：「商書咸乂之序也。其書亡。伊陟，伊尹子也。大戊，太甲孫也。亳，殷所都也。桑、穀二木，合而共生。穀音轂。」

〔二〕師古曰：「兩手合爲拱，音久勇反。」

〔三〕師古曰：「涼，信也。陰，默也。言居哀信默，三年不言也。涼讀曰諒。一說，涼陰謂居喪之廬也。謂三年處於廬中不言。涼音力羊反。據今尚書及諸傳記，太戊卒，子仲丁立，卒，弟何亶甲立，卒，子祖乙立，卒，子盤庚立，卒，小乙之子武丁立，是爲高宗。桑穀自太戊時生，涼陰乃高宗之事。而此云桑穀即高宗時出，其說與尚書大傳不同，未詳其義也。或者伏生差謬。」

〔四〕師古曰：「秉音彼命反。」

〔三〕師古曰：「虛讀曰墟。」

書序又曰：「高宗祭成湯，有蜚雉登鼎耳而雊。」〔一〕祖己曰：「惟先假王，正厥事。」〔二〕劉向以爲雉雊鳴者雄也，以赤色爲主。於易，離爲雉，雉，南方，近赤祥也。劉歆以爲羽蟲之孽。易有鼎卦，〔三〕鼎，宗廟之器，主器奉宗廟者長子也。野鳥自外來，入爲宗廟器主，是繼嗣將易也。一曰，鼎三足，三公象，而以耳行。〔四〕野鳥居鼎耳，小人將居公位，敗宗廟之祀。野木生朝，野鳥入廟，敗亡之異也。武丁恐駭，謀於忠賢，修德而正事，內舉傅說，授以國政，〔五〕外伐鬼方，以安諸夏，〔六〕故能攘木鳥之妖，致百年之壽，〔七〕所謂「六沴作見，若是共御，五福乃降，用章于下」者也。〔八〕一曰，金沴木曰木不曲直。

〔一〕師古曰：「商書高宗肜日之序也。蜚，古飛字。雊音工豆反。」

〔二〕師古曰：「祖己，殷賢臣。假，大也。言先代大道之王，能正其事，而災異銷也。」

〔三〕師古曰：「巽下離上也。」

〔四〕師古曰：「鼎非舉耳不得行，故云以耳行。」

〔五〕師古曰：「武丁夢得賢相，乃以所夢之像使求之，得於傅巖，立以爲相，作說命三篇。說讀曰悅。」

〔六〕師古曰：「鬼方，絕遠之地，一曰國名。夏，大也。中國大於戎狄，故曰諸夏。」

〔七〕師古曰：「攘，却也，音人羊反。」

〔八〕師古曰：「共讀曰恭。御讀曰禦。言恭己以禦災也。一說，御，治也，恭治其事也。」

僖公三十三年「十二月，李梅實」。劉向以爲周十二月，今十月也，李梅當剝落，今反華實，近草妖也。先華而後實，不書華，舉重者也。陰成陽事，象臣顓君作威福。一曰，冬當殺，反生，象驕臣當誅，不行其罰也。故冬(華)華者，象臣邪謀有端而不成，至於實，則成矣。是時僖公死，公子遂顓權，文公不寤，後有子赤之變。一曰，君舒緩甚，奥氣不臧，則華實復生。董仲舒以爲李梅實，臣下彊也。記曰：「不當華而華，易大夫；不當實而實，易相室。」〔一〕冬，水王，木相，故象大臣。劉歆以爲庶徵皆以蟲爲孽，思心蠃蟲孽也。李梅實，屬草妖。

〔一〕應劭曰：「冬，水王，木相，故象大臣。冬實者，變置丞相與宮室也。但華，則變大夫也。」師古曰：「相室猶言相國，謂宰相也。合韻故言相室。相室者，相王室。」

惠帝五年十月，桃李華，棗實。昭帝時，上林苑中大柳樹斷仆地，一朝起立，生枝葉，有蟲食其葉，成文字，曰「公孫病已立」。又昌邑王國社有枯樹復生枝葉。眭孟以爲木陰類，下民象，當有故廢之家公孫氏從民間受命爲天子者。昭帝富於春秋，霍光秉政，以孟妖言，誅之。後昭帝崩，無子，徵昌邑王賀嗣位，狂亂失道，光廢之，更立昭帝兄衞太子之孫，是爲宣帝。帝本名病已。京房易傳曰：「枯楊生稊，〔一〕枯木復生，人君亡子。」

〔一〕師古曰：「大過九二爻辭也。稊，楊秀之始生者，音徒奚反。」

元帝初元四年，皇后曾祖父濟南東平陵王伯墓門梓柱卒生枝葉，上出屋。〔一〕劉向以爲王氏貴盛將代漢家之象也。後王莽簒位，自說之曰：「初元四年，莽生之歲也，當漢九世火德之厄，而有此祥興於高祖考之門。門爲開通，梓猶子也，言王氏當有賢子開通祖統，起於柱石大臣之位，受命而王之符也。」

〔一〕孟康曰：「王伯，莽之祖也。」師古曰：「莽高祖父也。故下云高祖考。卒讀曰猝。猝，暴也。」

建昭五年，兗州刺史浩賞禁民私所自立社。〔一〕山陽橐茅鄉社有大槐樹，〔二〕吏伐斷之，其夜樹復立其故處。成帝永始元年二月，河南街郵樗樹生支如人頭，〔三〕眉目須皆具，亡髮耳。哀帝建平三年十月，汝南西平遂陽鄉柱仆地，生支如人形，〔四〕身青黃色，面白，頭有頿髮，稍長大，凡長六寸一分。京房易傳曰：「王德衰，下人將起，則有木生爲人狀。」

〔一〕張晏曰：「民間三月九月又社，號曰私社。」臣瓚曰：「舊制二十五家爲一社，而民或十家五家共爲田社，是私社。」師古曰：「瓚說是。」

〔二〕師古曰：「橐，縣名也，屬山陽郡。茅鄉，橐縣之鄉也。橐音拓。」

〔三〕師古曰：「郵謂行書之舍。樗樹似杶。樗音丑余反。杶音丑倫反。」

〔四〕師古曰：「仆，頓也，音赴。」

哀帝建平三年，零陵有樹僵地，〔一〕圍丈六尺，長十丈七尺。民斷其本，長九尺餘，皆枯。三月，樹卒自立故處。〔二〕京房易傳曰：「棄正作淫，厥妖木斷自屬。〔三〕妃后有顚，木仆

反立，斷枯復生。〔四〕天辟惡之。」〔五〕

〔一〕師古曰：「僵，偃也，音薑。」

〔二〕師古曰：「卒讀曰猝。」

〔三〕師古曰：「屬，連續也。音之欲反。」

〔四〕師古曰：「顓謂專寵。」

〔五〕如淳曰：「天辟，謂天子也。」師古曰：「辟音壁。」

元帝永光二年八月，天雨草，而葉相摎結，大如彈丸。〔一〕平帝元始三年正月，天雨草，狀如永光時。京房易傳曰：「君吝於祿，信衰賢去，厥妖天雨草。」

〔一〕師古曰：「摎，繞也。摎音居虯反。」

昭公二十五年「夏，有鸜鵒來巢」。劉歆以爲羽蟲之孽，其色黑，又黑祥也，視不明聽不聰之罰也。劉向以爲有蜚有蜮不言來者，氣所生，所謂眚也；〔一〕鸜鵒言來者，氣所致，所謂祥也。鸜鵒，夷狄穴藏之禽，來至中國，不穴而巢，陰居陽位，〔二〕象季氏將逐昭公，去宮室而居外野也。鸜鵒白羽，旱之祥也；穴居而好水，黑色，爲主急之應也。天戒若曰，既失衆，不可急暴；急暴，陰將持節陽以逐爾，去宮室而居外野矣。昭不寤，而舉兵圍季氏，爲季氏所敗，出犇于齊，遂死于外野。董仲舒指略同。

〔一〕師古曰：「此蜚，謂負蠜也，其爲蟲臭。蜮，短弧，即今所謂水弩也。隱元年有蜚，莊十八年有蜮。蜚音翡。蜮音域。蜚亦作蟦，其音同耳。」

〔三〕師古曰：「今之鸜鵒，中國皆有，依周官而言，但不踰濟水耳。左氏以爲魯所常無，故異而書之。而此云夷狄禽，未喻其意。又此鳥本亦巢居，不皆穴處也。書巢者，著其居止字乳，不即去也。」

景帝三年十一月，有白頸烏與黑烏群鬭楚國呂縣，白頸不勝，墮泗水中，死者數千。劉向以爲近白黑祥也。時楚王戊暴逆無道，〔一〕刑辱申公，與吳王謀反。烏群鬭者，師戰之象也。白頸者小，明小者敗也。墮於水者，將死水地。王戊不寤，遂舉兵應吳，與漢大戰，兵敗而走，至於丹徒，爲越人所斬，墮死於水之效也。京房易傳曰：「逆親親，厥妖白黑烏鬭於國。」

〔一〕師古曰：「戊，楚元王之孫也。」

昭帝元鳳元年，有烏與鵲鬭燕王宮中池上，烏墮池死，近黑祥也。時燕王旦謀爲亂，遂不改寤，伏辜而死。楚、燕皆骨肉藩臣，以驕怨而謀逆，俱有烏鵲鬭死之祥，行同而占合，此天人之明表也。燕一烏鵲鬭於宮中而黑者死，楚以萬數鬭於野外而白者死，象燕陰謀未發，獨王自殺於宮，故一烏水色者死，楚炕陽舉兵，軍師大敗於野，故衆烏金色者死，天道精微之效也。京房易傳曰：「專征劫殺，厥妖烏鵲鬬。」

昭帝時有鵜鶘或曰禿鶖，〔一〕集昌邑王殿下，王使人射殺之。劉向以爲水鳥色青，青祥也。時王馳騁無度，慢侮大臣，不敬至尊，有服妖之象，〔二〕故青祥見也。野鳥入處，宮室將空。王不寤，卒以亡。京房易傳曰：「辟退有德，厥咎狂，厥妖水鳥集于國中。」〔三〕

〔一〕師古曰：「鵜鶘即汙澤也，一名淘河，腹下胡大如數升囊，好羣入澤中，抒水食魚，因名禿鶖，亦水鳥也。鵜音大奚反。鶘音胡。鶖音秋。」

〔二〕師古曰：「謂多治仄注冠，又以冠奴也。」

〔三〕師古曰：「辟，君也。」

成帝河平元年二月庚子，泰山山桑谷有鳶焚其巢。〔一〕男子孫通等聞山中羣鳥鳶鵲聲，往視，見巢爇，盡墮地中，〔二〕有三鳶鷇燒死。〔三〕樹大四圍，巢去地五丈五尺。太守平以聞。鳶色黑，近黑祥，貪虐之類也。易曰：「鳥焚其巢，旅人先笑後號咷。」〔四〕泰山，岱宗，五嶽之長，王者易姓告代之處也。天戒若曰，勿近貪虐之人，聽其賊謀，將生焚巢自害其子絕世易姓之禍。其後趙蜚燕得幸，立爲皇后，弟爲昭儀，姊妹專寵，聞後宮許美人、曹偉能生皇子也，〔五〕昭儀大怒，令上奪取而殺之，皆并殺其母。成帝崩，昭儀自殺，事乃發覺，趙后坐誅。此焚巢殺子後號咷之應也。一曰，王莽貪虐而任社稷之重，卒成易姓之禍云。京房易傳曰：

「人君暴虐，鳥焚其舍。」

〔一〕師古曰：「鷇，鵄也，音緣。」

〔二〕師古曰：「䴕，古然字。」

〔三〕師古曰：「鳥子新生而哺者曰鷇，音口豆反，又音工豆反。」

〔四〕師古曰：「旅卦上九爻辭也。咷音逃。」

〔五〕師古曰：「曹偉能，宮人姓名也。偉能一名宮，見外戚傳。」

鴻嘉二年三月，博士行大射禮，有飛雉集于庭，歷階登堂而雊。後雉又集太常、宗正、丞相、御史大夫、大司馬車騎將軍之府，又集未央宮承明殿屋上。時大司馬車騎將軍王音、待詔寵等上言：「天地之氣，以類相應，〔一〕譴告人君，甚微而著。雉者聽察，先聞雷聲，故月令以紀氣。〔二〕經載高宗雊雉之異，〔三〕以明轉禍爲福之驗。今雉以博士行禮之日大衆聚會，飛集於庭，歷階登堂，萬衆睢睢，〔四〕驚怪連日。徑歷三公之府，太常宗正典宗廟骨肉之官，然後入宮。其宿留告曉人，具備深切，〔五〕雖人道相戒，何以過是！」後帝使中常侍鼂閎詔音曰：「聞捕得雉，毛羽頗摧折，類拘執者，得無人爲之？」〔六〕音復對曰：「陛下安得亡國之語？不知誰主爲佞讇之計，〔七〕誣亂聖德如此者！左右阿諛甚衆，不待臣音復讇而足。〔八〕公卿以下，保位自守，莫有正言。如令陛下覺寤，懼大禍且至身，深責臣下，繩以聖法，臣音當先受誅，豈有以自解哉！今即位十五年，繼嗣不立，日日駕車而出，泆行流聞，〔九〕海內傳之，甚於京師。外有微行之害，內有疾病之憂，皇天數見災異，〔一〇〕欲人變更，終已不改。天尚不能感動陛下，臣子何望？獨有極言待死，命在朝暮而已。如有不然，老母安得處所，尚何皇太后之有！高祖天下當以誰屬乎！〔一一〕宜謀於賢知，克己復禮，以求天意，繼嗣可立，災變尚可銷也。」

〔一〕師古曰：「以經術待詔，其人名寵，不記姓也。流俗書本寵上輒加孫字，非也。」
〔二〕師古曰：「謂季冬之月云『雉雊雞乳』也。」
〔三〕師古曰：「已解於上。」
〔四〕師古曰：「睢睢，仰目視貌也。音呼惟反。」
〔五〕師古曰：「宿音先就反。留音力救反。」
〔六〕師古曰：「言人放此雉，故欲爲變異者。」
〔七〕師古曰：「躢，古蹈（也）〔字〕。」
〔八〕師古曰：「足，益也，音子喻反。」
〔九〕師古曰：「言帝行多驕泆，醜惡流布，聞於遠方也。」
〔一〇〕師古曰：「見，顯示。」
〔一一〕如淳曰：「老母，音之老母也，當隨己受罪誅也。又謂己言深切，觸悟人主，積恚而死，必行之誅，不能復顧太后也。」師古曰：「如說非也。此言總屬於成帝耳。不然者，謂不如所諫而自修改也。老母，帝之母，即太后也。言帝不自修改，國家危亡，太后不知處所，高祖天下無所付屬也。屬音之欲反。」

成帝綏和二年三月，天水平襄有燕生爵，哺食至大，俱飛去。〔一〕京房易傳曰：「賊臣在國，厥咎燕生爵，諸侯銷。」一曰，生非其類，子不嗣世。

〔一〕師古曰：「哺音蒲固反。食讀曰飤。謂與母俱去。」

史記魯定公時，季桓子穿井，得土缶，中得蟲若羊，〔一〕近羊禍也。羊者，地上之物，幽於土中，象定公不用孔子而聽季氏，暗昧不明之應也。一曰，羊去野外而拘土缶者，象魯君失其所而拘於季氏，季氏亦將拘於家臣也。是歲季氏家臣陽虎囚季桓子。後三年，陽虎劫公伐孟氏，兵敗，竊寶玉大弓而出亡。〔二〕

〔一〕師古曰：「缶，盎也，即今之盆。」

〔二〕師古曰：「寶玉謂夏后氏之璜，大弓謂封父之繁弱，皆魯始封之分器，所受於周也。定八年，陽虎作亂不克，竊之而入讙陽關以叛。」

左氏傳魯襄公時，宋有生女子赤而毛，棄之隄下，宋平公母共姬之御者見而收之，〔一〕

因名曰棄。長而美好，納之平公，生子曰佐。後宋臣伊戾讒太子痤而殺之。〔二〕先是，大夫華元出奔晉，〔三〕華弱奔魯，〔四〕華臣奔陳，〔五〕華合比奔衞。〔六〕劉向以爲時則火災赤眚之明應也。京房易傳曰：「尊卑不別，厥妖女生赤毛。」

〔一〕師古曰：「平公，宋共公之子也，名成。共讀曰恭。」

〔二〕師古曰：「事在襄二十六年。痤音才戈反。」

〔三〕師古曰：「華元奔在成十五年。」

〔四〕師古曰：「事在襄六年。」

〔五〕師古曰：「事在襄十七年。」

〔六〕師古曰：「事在昭六年。據今春秋，合比奔在殺太子痤後，而志總言先是，未詳其意。」

惠帝二年，天雨血於宜陽，一頃所，劉向以爲赤眚也。時又冬雷，桃李華，常奧之罰也。是時政舒緩，諸呂用事，讒口妄行，殺三皇子，建立非嗣，〔一〕及不當立之王，〔二〕退王陵、趙堯、周昌。〔三〕呂太后崩，大臣共誅滅諸呂，僵尸流血。京房易傳曰：「歸獄不解，茲謂追非，厥咎天雨血；茲謂不親，民有怨心，不出三年，無其宗人。」又曰：「佞人祿，功臣僇，天雨血。」〔四〕

〔一〕師古曰：「三皇子，謂趙隱王如意、趙幽王友、趙恭王恢，皆高帝子也。建立非嗣，謂立後宮美人子爲嗣。」

〔二〕孟康曰：「呂氏三王也。」

〔三〕師古曰：「惠帝六年，王陵爲右丞相。惠帝崩，呂后欲廢陵，遷爲太傅，實奪之相權。高祖以趙堯爲御史大夫，高后元年怨堯前定趙王如意之策，乃抵堯罪。周昌爲趙相，趙王見鴆殺，昌謝病不朝見，三歲而薨。」

〔四〕師古曰：「僇，古戮字。」

哀帝建平四年四月，山陽湖陵雨血，廣三尺，長五尺，大者如錢，小者如麻子。後二年，帝崩，王莽擅朝，誅貴戚丁、傅，大臣董賢等皆放徙遠方，與諸呂同（衆）〔象〕。誅死者少，雨血亦少。

傳曰：「聽之不聰，是謂不謀，厥咎急，厥罰恆寒，厥極貧。時則有鼓妖，時則有魚孽，時則有豕禍，時則有耳痾，時則有黑眚黑祥。惟火沴水。」

「聽之不聰，是謂不謀」，言上偏聽不聰，下情隔塞，則不能謀慮利害，失在嚴急，故其咎急也。盛冬日短，寒以殺物，政促迫，故其罰常寒也。寒則不生百穀，上下俱貧，故其極貧也。君嚴猛而閉下，臣戰栗而塞耳，則妄聞之氣發於音聲，故有鼓妖。寒氣動，故有魚孽。雨以龜爲孽，〔一〕龜能陸處，非極陰也；魚去水而死，極陰之孽也。於易坎爲豕，豕大耳而不聰察，聽氣毁，故有豕禍也。一曰，寒歲豕多死，及爲怪，亦是也。及人，則多病耳者，故有耳痾。水色黑，故有黑眚黑祥。凡聽傷者病水氣，水氣病則火沴之。其極貧者，順之，其福曰富。劉歆聽傳曰有介蟲孽也，庶徵之恆寒。劉向以爲春秋無其應，周之末世舒緩微弱，政在臣下，奧煖而已，故籍秦以爲驗。〔二〕秦始皇帝卽位尚幼，委政太后，太后淫於呂不韋及嫪毒，〔三〕封毒爲長信侯，以太原郡爲毒國，宮室苑囿自恣，政事斷焉。故天冬雷，以見陽不禁閉，以涉危害，舒奧迫近之變也。始皇既冠，毒懼誅作亂，始皇誅之，斬首數百級，大臣二十人，皆車裂以徇，夷滅其宗，遷四千餘家於房陵。是歲四月，寒，民有凍死者。數年之間，緩急如此，寒奧輒應，此其效也。劉歆以爲大雨雪，及未當雨雪而雨雪，及大雨雹，隕霜殺叔草，皆常寒之罰也。劉向以爲常雨屬貌不恭。京房易傳曰：「有德遭險，茲謂逆命，厥異寒。誅過深，當奧而寒，盡六日，亦爲雹。害正不誅，茲謂養賊，寒七十二日，殺蜚禽。〔四〕道人始去茲謂傷，〔五〕其寒物無霜而死，涌水出。戰不量敵，茲謂辱命，其寒雖雨物不茂。聞善不予，厥咎聾。」

〔一〕服虔曰：「多雨則鼃多出。」

〔二〕師古曰：「籍，假借。」

〔三〕師古曰：「嫪或音居蚪反。嫪，姓也。毒，名也。許愼說以爲『嫪毒，士之無行者』。嫪音郎到反。毒音烏改反。與今史記、漢書本文不同，且摎樂之姓，又非嫪也，故當依本字以讀。」

〔四〕師古曰：「蜚讀曰飛。」

〔五〕服虔曰：「有道之人去。」

桓公八年「十月，雨雪」。周十月，今八月也，未可以雪，劉向以爲時夫人有淫齊之行，而桓有妬（媢）〔娼〕之心，〔一〕夫人將殺，其象見也。〔二〕桓不覺寤，後與夫人俱如齊而殺死。凡雨，陰也，雪又雨之陰也，出非其時，迫近象也。董仲舒以爲象（大）〔夫〕人專恣，陰氣盛也。

〔一〕師古曰：「娼謂夫妬婦也。音莫報反。」

〔二〕師古曰：「謂欲殺桓公。」

釐公十年「冬，大雨雪」。劉向以爲先是釐公立妾爲夫人，陰居陽位，陰氣盛也。公羊經曰「大雨雹」。董仲舒以爲公脅於齊桓公，立妾爲夫人，不敢進羣妾，〔一〕故專壹之象見諸雹，皆爲有所漸脅也，〔二〕行專壹之政云。

〔一〕師古曰：「已解於上。」

〔二〕孟康曰：「謂陰氣漸脅。」

昭公四年「正月，大雨雪」。劉向以爲昭取於吳而爲同姓，謂之吳孟子。〔一〕君行於上，臣非於下。又三家已彊，皆賤公行，慢㑄之心生。〔二〕董仲舒以爲季孫宿任政，陰氣盛也。〔三〕

〔一〕師古曰：「魯與吳俱姬也。周禮同姓不爲婚，故諱不稱吳姬，而云孟子也。取讀曰娶。」

〔二〕師古曰：「㑄，古侮字。」

〔三〕師古曰：「季孫宿，季武子也。」

文帝四年六月，大雨雪。後三歲，淮南王長謀反，發覺，遷，道死。〔一〕京房易傳曰：「夏雨雪，戒臣爲亂。」

〔一〕師古曰：「遷於蜀，未至而死於雍，故曰道死。」

景帝中六年三月，雨雪。其六月，匈奴入上郡取苑馬，吏卒戰死者二千餘人。明年，條侯周亞夫下獄死。

武帝元狩元年十二月，大雨雪，民多凍死。是歲淮南、衡山王謀反，發覺，皆自殺。使者行郡國，治黨與，〔一〕坐死者數萬人。

〔一〕師古曰：「行音下更反。」

元鼎二年三月，雪，平地厚五尺。是歲御史大夫張湯有罪自殺，丞相嚴青翟坐與三長史謀陷湯，〔一〕青翟自殺，三長史皆棄市。

〔一〕師古曰：「謂朱買臣爲丞相長史，王朝及邊通皆守丞相長史也。」

元鼎三年三月水冰，四月雨雪，關東十餘郡人相食。是歲，民不占緡錢有告者，以半畀之。〔一〕

〔一〕師古曰：「言政急刻也。占音之贍反。」

元帝建昭二年十一月，齊楚地大雪，深五尺。是歲魏郡太守京房爲石顯所告，坐與妻父淮陽王舅張博、博弟光勸視淮陽王以不義，〔一〕博要斬，光、房棄市，御史大夫鄭弘坐免爲庶人。成帝卽位，顯伏辜，淮陽王上書寃博，辭語增加，〔二〕家屬徙者復得還。

〔一〕師古曰：「視讀曰示。」

〔二〕師古曰：「言博本爲石顯所寃，增加其語故陷罪。」

建昭四年三月，雨雪，燕多死。谷永對曰：「皇后桑蠶以治祭服，共事天地宗廟，〔一〕正以是日疾風自西北，大寒雨雪，壞敗其功，以章不鄉。〔二〕宜齊戒辟寢，以深自責，〔三〕請皇后就宮，鬲閉門戶，毋得擅上。〔四〕且令衆妾人人更進，以時博施。皇天說喜，〔五〕庶幾可以得賢明之嗣。卽不行臣言，災異俞甚，天變成形，臣雖欲復捐身關策，不及事已。」〔六〕其後許后坐祝詛廢。

〔一〕師古曰：「共讀曰恭。」

〔二〕師古曰：「言不當天心。鄉讀曰嚮。」

〔三〕師古曰：「齊讀曰齋。辟讀曰避。」

〔四〕師古曰：「鬲與隔同。擅上，謂輒至御所也。上音時掌反。一曰，擅，專也。上謂天子也，讀如本字。勿令皇后專固天子。」

〔五〕師古曰：「更音工衡反。說讀曰悅。」

〔六〕師古曰：「言雖欲棄捐其身，不懷顧慮，極陳計策，關說天子，亦無所及。」

陽朔四年四月，雨雪，燕雀死。後十六年，許皇后自殺。

定公元年「十月，隕霜殺菽」。〔一〕劉向以爲周十月，今八月也，消卦爲觀，〔二〕陰氣未至君位而殺，誅罰不由君出，在臣下之象也。是時季氏逐昭公，公死于外，定公得立，故天見災以視公也。〔三〕釐公二年「十月，隕霜不殺草」，爲嗣君微，失秉事之象也。〔四〕其後卒在臣下，則災爲之生矣。異故言草，災故言菽，重殺穀。〔五〕一曰菽，草之難殺者也，言殺菽，知草皆死也；言不殺草，知菽亦不死也。董仲舒以爲菽，草之彊者，天戒若曰，加誅於彊臣。言菽，以微見季氏之罰也。

〔一〕師古曰：「菽，大豆。」
〔二〕師古曰：「坤下巽上也。」
〔三〕師古曰：「視讀曰示。」
〔四〕師古曰：「謂襄仲專權，殺嫡立庶，公室遂弱。秉音彼命反。」
〔五〕師古曰：「以其事爲重，不比於殺草也。」

武帝元光四年四月，隕霜殺草木。先是二年，遣五將軍三十萬衆伏馬邑下，〔一〕欲襲單于，單于覺之而去。自是始征伐四夷，師出三十餘年，天下戶口減半。京房易傳曰：「興兵妄誅，茲謂亡法，厥災霜，夏殺五穀，冬殺麥。誅不原情，茲謂不仁，其霜，夏先大雷風，冬先雨，乃隕霜，有芒角。賢聖遭害，其霜附木不下地。佞人依刑，茲謂私賊，其霜在草根土隙間。不教而誅茲謂虐，其霜反在草下。」

〔一〕師古曰：「謂御史大夫韓安國爲護軍將軍，衞尉李廣爲驍騎將軍，太僕公孫賀爲輕車將軍，大行王恢爲將屯將軍，太中大夫李息爲材官將軍。」

元帝永光元年三月，隕霜殺桑；九月二日，隕霜殺稼，天下大飢。是時中書令石顯用事專權，與春秋定公時隕霜同應。成帝卽位，顯坐作威福誅。

釐公二十九年「秋，大雨雹」。劉向以爲盛陽雨水，溫煖而湯熱，陰氣脅之不相入，則轉而爲雹；盛陰雨雪，凝滯而冰寒，陽氣薄之不相入，則散而爲霰。〔一〕故沸湯之在閉器，而湛於寒泉，則爲冰，〔二〕及雪之銷，亦冰解而散，此其驗也。故雹者陰脅陽也，霰者陽脅陰也，春秋不書霰者，猶月食也。釐公末年信用公子遂，遂專權自恣，將至於殺君，故陰脅陽之象見。釐公不寤，遂終專權，後二年殺子赤，立宣公。〔三〕左氏傳曰：「聖人在上無雹，雖有不爲災。」說曰：凡物不爲災不書，書大，言爲災也。凡雹，皆冬之愆陽，夏之伏陰也。〔四〕

〔一〕師古曰：「霰，雨雪雜下，音先見反。」

〔二〕孟康曰：「投湯器中，以沈寒泉而成也。」師古曰：「湛讀曰沈。」

〔三〕師古曰：「公子遂，東門襄仲也。赤，文公太子，即惡也。」

〔四〕師古曰：「愆，過也。過陽，冬溫也。伏陰，夏寒也。」

昭公三年，「大雨雹」。是時季氏專權，脅君之象見。昭公不寤，後季氏卒逐昭公。元封三年十二月，雷雨雹，大如馬頭。宣帝地節四年五月，山陽濟陰雨雹如雞子，深二尺五寸，殺二十人，蜚鳥皆死。〔一〕其十月，大司馬霍禹宗族謀反，誅，霍皇后廢。

〔一〕師古曰：「蜚讀曰飛。」

成帝河平二年四月，楚國雨雹，大如斧，蜚鳥死。

左傳曰釐公三十二年十二月己卯，晉文公卒，庚辰，將殯于曲沃，出絳，柩有聲如牛。劉向以爲近鼓妖也。喪，凶事；聲如牛，怒象也。將有急怒之謀，以生兵革之禍。是時，秦穆公遣兵襲鄭而不假道，還，晉大夫先軫謂襄公曰，秦師過不假塗，請擊之。〔一〕遂要崤阸，〔二〕以敗秦師，匹馬觭輪無反者，〔三〕操之急矣。〔四〕晉不惟舊，而聽虐謀，結怨彊國，四被秦寇，禍流數世，凶惡之效也。〔五〕

〔一〕師古曰：「先軫即原軫。」

〔二〕師古曰：「即今之二崤山也。」

〔三〕服虔曰：「觭音奇偶之奇。」師古曰：「觭，隻也。言盡虜獲之。觭音居宜反。」

〔四〕師古曰：「操，持也。謂執持所虜獲也。操音千高反。」

〔五〕師古曰：「舊者，謂晉襄之父文公本爲秦所納而得國，是舊恩也。虐謀，先軫之計也。四被秦寇，謂魯文二年秦孟明視帥師伐晉，三年秦伯伐晉濟河焚舟取王官及郊，十年秦伯伐晉取北徵，十二年秦伯伐晉取羈馬。禍流，謂自襄公至厲公，凡五君與秦構難也。」

哀帝建平二年四月乙亥朔，御史大夫朱博爲丞相，少府趙玄爲御史大夫，臨延登受策，有大聲如鍾鳴，〔一〕殿中郎吏陛者皆聞焉。〔二〕上以問黄門侍郎揚雄、李尋，尋對曰：「洪範所謂鼓妖者也。師法以爲人君不聰，爲衆所惑，空名得進，則有聲無形，不知所從生。其傳曰歲月日之中，則正卿受之。今以四月日加辰巳有異，是爲中焉。正卿謂執政大臣也。宜退丞相、御史，以應天變。然雖不退，不出期年，其人自蒙其咎。」〔三〕揚雄亦以爲鼓妖，聽失之象也。朱博爲人彊毅多權謀，宜將不宜相，恐有凶惡亟疾之怒。〔四〕八月，博、玄坐爲姦謀，博自殺，玄減死論。京房易傳曰：「令不修本，下不安，金毋故自動，若有音。」

〔一〕師古曰：「延入而登殿也。漢舊儀云丞相御史大夫初拜，皇帝延登親詔也。」

〔二〕師古曰：「陛者，謂執兵列於陛側。」

〔三〕師古曰：「期年，十二月也。蒙猶被也。期音基。」

〔四〕師古曰：「亟，急也，音居力反。」

史記秦二世元年，天無雲而雷。劉向以爲雷當託於雲，猶君託於臣，陰陽之合也。二世不恤天下，萬民有怨畔之心。是歲陳勝起，天下畔，趙高作亂，秦遂以亡。一曰，易震爲雷，爲貌不恭也。

史記秦始皇八年，河魚大上。劉向以爲近魚孽也。是歲，始皇弟長安君將兵擊趙，反，死屯留，軍吏皆斬，遷其民於臨洮。〔一〕明年有嫪（毒）〔毐〕之誅。魚陰類，民之象，逆流而上者，民將不從君令爲逆行也。其在天文，魚星中河而處，車騎滿野。至于二世，暴虐愈甚，終用急亡。京房易傳曰：「衆逆同志，厥妖河魚逆流上。」

〔一〕師古曰：「本使長安君擊趙，至屯留而謀反作亂，故賜長安君死，斬其軍吏，遷其黔首也。屯留，上黨縣也。臨洮，即今之洮州也。屯音純。洮音土高反。」

武帝元鼎五年秋，蛙與蝦蟇羣鬭。〔一〕是歲，四將軍衆十萬征南越，〔二〕開九郡。〔三〕

〔一〕師古曰：「蛙音胡媧反。蝦音遐。蟇音麻。」

〔二〕師古曰：「謂伏波將軍路博德出桂陽下皇水，樓船將軍楊僕出豫章下湞水，歸義越侯嚴爲戈船將軍出零陵下離水，田甲爲下瀨將軍下蒼梧。」

〔三〕師古曰：「謂得越地以爲南海、蒼梧、鬱林、合浦、交阯、九真、日南、珠崖、儋耳郡也。」

成帝鴻嘉四年秋，雨魚于信都，長五寸以下。成帝永始元年春，北海出大魚，長六丈，高一丈，四枚。哀帝建平三年，東萊平度出大魚，〔一〕長八丈，高丈一尺，七枚，皆死。京房易傳曰：「海數見巨魚，邪人進，賢人疏。」〔二〕

〔一〕師古曰：「平度，東萊之縣。」

〔二〕師古曰：「數音所角反。」

桓公五年「秋，螽」。〔一〕劉歆以爲貪虐取民則螽，介蟲之孽也，與魚同占。劉向以爲介蟲之孽屬言不從。是歲，公獲二國之聘，取鼎易邑，〔二〕興役起城。〔三〕諸螽略皆從董仲舒說云。

〔一〕師古曰：「螽卽阜螽，卽今之蝩蟲也。螽音終。蝩音之庸反。」

〔二〕師古曰：「二國，宋、鄭也。宋以郜鼎賂公，鄭以泰山之田易許田也。」

〔三〕師古曰：「謂五年夏城祝丘也。」

嚴公二十九年「有蜚」。劉歆以爲負蠜也，性不食穀，食穀爲災，介蟲之孽。〔一〕劉向以爲蜚色青，近青眚也，非中國所有。南越盛暑，男女同川澤，淫風所生，爲蟲臭惡。〔二〕是時嚴公取齊淫女爲夫人，既入，淫於兩叔，故蜚至。天戒若曰，今誅絶之尚及，不將生臭惡，聞於四方。嚴不寤，其後夫人與兩叔作亂，二嗣以殺，〔三〕卒皆被辜。〔四〕董仲舒指略同。

〔一〕師古曰：「蜚音伏味反。蠜音煩。」

〔二〕師古曰：「蜚者，中國所有，非南越之蟲，未詳向所説。」

〔三〕師古曰：「二嗣，謂子般及閔公也。」

〔四〕師古曰：「謂二叔、哀姜皆不得其死也。已解於上。」

釐公十五年「八月，螽」。劉向以爲先是釐有鹹之會，後城緣陵，〔一〕是歲復以兵車爲牡丘會，使公孫敖帥師，及諸侯大夫救徐，〔二〕兵比三年在外。〔三〕

〔一〕師古曰：「僖十(二)〔三〕年，公會齊侯、宋公、陳侯、衞侯、鄭伯、許男、曹伯于鹹。鹹，衞地。十四年而與諸侯城緣陵。緣陵，杞邑也。」

〔二〕師古曰：「十五年公會齊侯、宋公、陳侯、衞侯、鄭伯、許男、曹伯盟于牡丘，遂次于匡。公孫敖帥師，及諸侯之大夫救徐。公孫敖，孟穆伯也。諸侯之大夫，卽所與會諸侯也。時楚伐徐，故救之。」

〔三〕師古曰：「比，頻也。」

文公三年「秋，雨螽于宋」。劉向以爲先是宋殺大夫而無罪，〔一〕有暴虐賦斂之應。〔二〕穀梁傳曰上下皆合，言甚。〔三〕董仲舒以爲宋三世内取，〔四〕大夫專恣，殺生不中，〔五〕故螽先死而至。劉歆以爲螽爲穀災，卒遇賊陰，墜而死也。

〔一〕師古曰：「謂僖二十五年經書『宋殺其大夫』，不書名，以其無罪。」

〔二〕師古曰：「謂宋昭公也。」

〔三〕師古曰：「上下皆合，螽之多。」

〔四〕師古曰：「三世，謂襄公、成公、昭公也。內取於國之大夫也。事見公羊傳。取讀曰娶。」

〔五〕師古曰：「中音竹仲反。」

八年「十月，螽」。時公伐邾取須朐，城郚。〔一〕

〔一〕師古曰：「須朐，邾邑；郚，魯邑也。事並在文七年。朐音鉅俱反。郚聲吾。」

宣公六年「八月，螽」。劉向以爲先是時宣伐莒向，〔一〕後比再如齊，謀伐萊。〔二〕

〔一〕師古曰：「事在四年。向，莒邑也。向音餉。」

〔二〕師古曰：「比，頻也。謂四年秋及五年春公如齊，七年公會齊侯伐萊是也。」

十三年「秋，螽」。公孫歸父會齊伐莒。〔一〕

〔一〕師古曰：「事在十一年。歸父，東門襄仲子也，字子家。父讀曰甫。」

十五年「秋，螽」。宣亡熟歲，數有軍旅。

襄公七年「八月，螽」。劉向以爲先是襄興師救陳，〔一〕滕子、郯子、小邾子皆來朝。〔二〕

夏，城費。〔三〕

〔一〕師古曰：「謂五年楚伐陳，公會晉侯、宋公、衞侯、鄭伯、齊太子光救陳也。」
〔二〕師古曰：「六年滕子來朝，七年郯子、小邾子來朝。」
〔三〕師古曰：「亦七年之夏。費，魯邑也。音祕。」

哀公十二年「十二月，螽」。是時哀用田賦。〔一〕劉向以爲春用田賦，冬而螽。

〔一〕師古曰：「言重斂也。解在刑法志。」

十三年「九月，螽；十二月，螽」。比三螽，虐取於民之效也。〔一〕劉歆以爲周十二月，夏十月也，火星既伏，蟄蟲皆畢，天之見變，因物類之宜，不得以螽，是歲再失閏矣。周九月，夏七月，故傳曰「火猶西流，司曆過也」。

〔一〕師古曰：「比，頻也。」

宣公十五年「冬，蝝生」。〔一〕劉歆以爲蝝，蚍蠹之有翼者，〔二〕食穀爲災，黑眚也。董仲舒、劉向以爲蝝，螟始生也，一曰（螟）〔蝗〕始生。是時民患上力役，解於公田。〔三〕宣是時初稅畝。稅畝，就民田畝擇美者稅其什一，亂先王制而爲貪利，故應是而蝝生，屬蠃蟲之孽。

〔一〕師古曰：「爾雅曰『蝝，蝮蜪』，說者以爲螽蝗之類。蝮音蒲北反，又音服。蜪音徒高反。」
〔二〕孟康曰：「蚍蠹，音蚍蜉。」
〔三〕師古曰：「解讀曰懈。」

景帝中三年秋，蝗。先是匈奴寇邊，中尉不害將車騎材官士屯代高柳。〔一〕

〔一〕師古曰：「魏不害。」

武帝元光五年秋，螟；六年夏，蝗。先是，五將軍衆三十萬伏馬邑，欲襲單于也。〔一〕是歲，四將軍征匈奴。〔二〕

〔一〕師古曰：「謂車騎將軍衞青出上谷，騎將軍公孫敖出代，輕車將軍公孫賀出雲中，驍騎將軍李廣出鴈門也。」

〔二〕師古曰：「已解于上。」

元鼎五年秋，蝗。是歲，四將軍征南越〔一〕及西南夷，〔二〕開十餘郡。〔三〕

〔一〕師古曰：「已解於上。」

〔二〕師古曰：「越（騎）〔馳〕義侯遺將巴蜀罪人發夜郎兵征西南夷，平之。」

〔三〕師古曰：「定越地爲九郡，定西南夷爲武都、牂柯、越嶲、沈黎、汶山郡，凡十四郡。」

元封六年秋，蝗。先是，兩將軍征朝鮮，〔一〕開三郡。〔二〕

〔一〕師古曰：「二年，樓船將軍楊僕、左將軍荀彘將應募罪人擊之。」

〔二〕師古曰：「武紀云以其地爲樂浪、臨屯、玄菟、眞番郡，是四郡也，而此云三，蓋傳寫志者誤。」

太初元年夏，蝗從東方蜚至敦煌；〔一〕三年秋，復蝗。元年貳師將軍征大宛，天下奉其役連年。

〔一〕師古曰：「蜚讀曰飛。」

征和三年秋，蝗；四年夏，蝗。先是一年，三將軍衆十餘萬征匈奴。〔一〕征和三年，貳師七萬人沒不還。

〔一〕師古曰：「謂三年貳師將軍廣利將七萬人出五原，御史大夫商丘成二萬人出西河，重合侯馬通四萬騎出酒泉。」

平帝元始二年秋，蝗，徧天下。是時王莽秉政。

左氏傳曰嚴公八年齊襄公田于貝丘，〔一〕見豕。從者曰：「公子彭生也。」公怒曰：「射之！」豕人立而嗁，公懼，墜車，傷足喪屨。劉向以爲近豕禍也。先是，齊襄淫於妹魯桓公夫人，使公子彭生殺(威)〔桓〕公，又殺彭生以謝魯。公孫無知有寵於先君，襄公絀之，〔二〕無知帥怨恨之徒攻襄於田所，〔三〕襄匿其戶間，足見於戶下，遂殺之。傷足喪屨，卒死於足，虐急之效也。

〔一〕師古曰：「貝丘，齊地。」

〔二〕師古曰：「無知，僖公弟，夷仲年之子也，於襄公從父昆弟。先君卽僖公。」

〔三〕師古曰：「怨恨之徒，謂連稱、管至父久戍葵丘也。」

昭帝元鳳元年，燕王宮永巷中豕出圂，壞都竈，〔一〕銜其鬴六七枚置殿前。〔二〕劉向以爲近豕禍也。時燕王旦與長公主、左將軍謀爲大逆，誅殺諫者，暴急無道。竈者，生養之本，豕而敗竈，陳鬴於庭，鬴竈將不用，宮室將廢辱也。燕王不改，卒伏其辜。京房易傳曰：「衆心不安君政，厥妖豕入居室。」

〔一〕師古曰：「圂者，養豕之牢也。都竈，烝炊之大竈也。圂音胡頓反。」

〔二〕晉灼曰：「鬴，古文釜字。」

史記魯襄公二十三年，穀、洛水鬭，將毁王宫。劉向以爲近火沴水也。周靈王將擁之，有司諫曰：「不可。長民者不崇藪，不墮山，不防川，不竇澤。〔一〕今吾執政毋乃有所辟，〔二〕而滑夫二川之神，〔三〕使至于爭明，〔四〕以防王宫室，王而飾之，毋乃不可乎！〔五〕懼及子孫，王室愈卑。」王卒擁之。以傳推之，以四瀆比諸侯，穀、洛其次，卿大夫之象也，〔六〕爲卿大夫將分爭以危亂王室也。是時世卿專權，儋括將有篡殺之謀，〔七〕如靈王覺寤，匡其失政，〔八〕懼以承戒，則災禍除矣。不聽諫謀，簡嫚大異，〔九〕任其私心，塞埤擁下，〔一〇〕以逆水勢而害鬼神。後數年有黑如日者五。是歲蚤霜，靈王崩。景王立二年，儋括欲殺王，而立王弟佞夫。佞夫不知，景王并誅佞夫。〔一一〕及景王死，五大夫爭權，或立子猛，或立子朝，王室大亂。〔一二〕京房易傳曰：「天子弱，諸侯力政，〔一三〕厥異水鬭。」

〔一〕師古曰：「長萌爲萌之長也。崇，聚也。藪謂澤之無水者。墮，毁也。防，止也。竇，穴也。墮音火規反。」

〔二〕服虔曰：「晉邪辟之辟。」

〔三〕師古曰：「滑，亂也，音骨。」

〔四〕臣瓚曰：「明，水道也。」師古曰：「明謂神靈。」

〔五〕師古曰：「言爲欲防固王宮，使水不得毁，故遏飾二川。」

〔六〕師古曰：「穀、洛皆大水，故爲四瀆之次。」

〔七〕師古曰：「儋括，儋季之子，簡王之孫也。篡殺之謀，謂除喪服，將見靈王，過庭而歎曰『嗚呼，必有此夫！』」

〔八〕師古曰：「匡，正也。」

〔九〕師古曰：「諫謀，謂單公子愆旗聞儋括之言，恐必爲害，請殺之，王不聽也。簡嫚大異，謂不憂穀、洛。」

〔10〕師古曰：「埤，卑也，音婢。」

〔11〕師古曰：「事在襄三十年。」

〔12〕師古曰：「五大夫，謂劉子、單子、尹氏、召伯、毛伯也。已解於上。」

〔13〕師古曰：「政亦征也，言專以武力相征討。一說，諸侯之政，當以德禮，今王室微弱，文教不行，遂乃以力爲政，相攻伐也。」

史記曰，秦武王三年渭水赤者三日，昭王三十四年渭水又赤三日。劉向以爲近火沴水也。秦連相坐之法，棄灰於道者黥，〔一〕罔密而刑虐，加以武伐橫出，殘賊鄰國，至於變亂五行，氣色謬亂。天戒若曰，勿爲刻急，將致敗亡。秦遂不改，至始皇滅六國，二世而亡。昔三代居三河，河洛出圖書，〔二〕秦居渭陽，而渭水數赤，〔三〕瑞異應德之效也。京房易傳曰：

「君湎于酒，淫于色，〔四〕賢人潛，國家危，厥異流水赤也。」

〔一〕孟康曰：「商鞅爲政，以棄灰於道必坋人，坋人必鬭，故設黥刑以絕其原也。」臣瓚曰：「棄灰或有火，火則燔廬舍，故刑之也。」師古曰：「孟說是也。坋音蒲頓反。」

〔二〕師古曰：「謂夏都安邑，即河東也；殷都朝歌，即河內也；周都洛陽，即河南也。」

〔三〕師古曰：「數音山角反。」

〔四〕師古曰：「湎，流也，音莫踐反。」

校勘記

一四〇六頁三行　羊上角下〔號〕〔虒〕，景祐、殿本都作「虒」。

一四〇九頁二行　五爲天位，〔爲〕君位。景祐本無下「爲」字。

一四一〇頁四行　伊〔涉〕〔陟〕相太戊，景祐、殿、局本都作「陟」。王先謙說作「陟」是。

一四一三頁三行　故冬〔華〕華者，王念孫說景祐本作「故冬華者」是也。「華」字不宜叠。

一四一八頁三行　闞，古諂〔也〕〔字〕。朱一新說汪本「也」作「字」，是。按殿本作「字也」。

一四二一頁五行　與諸呂同〔衆〕〔象〕。景祐、殿本都作「象」。朱一新說作「象」是。

一四二三頁四行　而桓有妬〔媚〕〔娼〕之心，景祐、殿、局本都作「娼」。葉德輝說作「娼」是。

一四二三頁五行　董仲舒以爲象〔大〕〔夫〕人專恣，景祐、殿本都作「夫」。王先謙說作「夫」是。

一四二六頁五行　鳌公二年　按左、公、穀經都在僖公三十三年。

一四三〇頁七行　明年有嫪（毒）〔毐〕之誅。　景祐、殿本都作「毐」，此誤。

一四三二頁一〇行　僖十（二）〔三〕年，　景祐、殿本都作「三」，左傳亦作「三」。

一四三四頁二行　一日（螟）〔蝗〕始生。　葉德輝說「螟」爲「蝗」之誤，既云「一日」，則非「螟」明矣。

一四三五頁八行　越（騎）〔馳〕義侯遺景祐、殿本都作「馳」。王先謙說作「馳」是。

一四三六頁六行　殺（威）〔桓〕公，　景祐、殿本都作「桓」。

漢書卷二十七下之上

五行志第七下之上

傳曰：「思心之不容，是謂不聖，厥咎霿，〔一〕厥罰恆風，厥極凶短折。時則有脂夜之妖，時則有華孽，時則有牛禍，時則有心腹之痾，時則有黃眚黃祥，時則有金木水火沴土。」

〔一〕師古曰：「霿音莫豆反。」

「思心之不容，是謂不聖。」思心者，心思慮也；容，寬也。孔子曰：「居上不寬，吾何以觀之哉！」〔二〕言上不寬大包容臣下，則不能居聖位。貌言視聽，以心爲主，四者皆失，則區霿無識，〔三〕故其咎霿也。雨旱寒奧，亦以風爲本，〔三〕四氣皆亂，故其罰常風也。常風傷物，故其極凶短折也。傷人曰凶，禽獸曰短，屮木曰折。〔四〕一曰，凶，夭也；兄喪弟曰短，父喪子曰折。在人腹中，肥而包裹心者脂也，心區霿則冥晦，故有脂夜之妖。〔五〕一曰，有脂物而夜爲妖，若脂水夜汙人衣，淫之象也。一曰，夜妖者，雲風並起而杳冥，故與常風同象也。溫而風則生螟螣，〔六〕有裸蟲之孽。〔七〕劉向以爲於易巽爲風爲木，卦在三月四月，繼陽而治，主木之華實。風氣盛，至秋冬木復華，故有華孽。一曰，地氣盛則秋冬復華。一曰，華者色也，土爲內事，爲女孽也。於易坤爲土爲牛，牛大心而不能思慮，思心氣毀，故有牛禍。一曰，牛多死及爲怪，亦是也。及人，則多病心腹者，故有心腹之痾。土色黃，故有黃眚黃祥。凡思心傷者病土氣，土氣病則金木水火沴之，故曰「時則有金木水火沴土」。不言「惟」而獨曰「時則有」者，非一衝氣所沴，明其異大也。其極曰凶短折，順之，其福曰考終命。〔八〕劉歆思心傳曰時則有臝蟲之孽，謂螟螣之屬也。庶徵之常風，劉向以爲春秋無其應。

〔一〕師古曰：「論語載孔子之言。」
〔二〕師古曰：「區音口豆反。霿音莫豆反。其下並同。」
〔三〕師古曰：「奥音於六反。」
〔四〕師古曰：「屮，古草字。」
〔五〕師古曰：「脂妖及夜妖。」
〔六〕師古曰：「螣音徒得反。」
〔七〕師古曰：「裸亦臝字也，從衣果聲。」
〔八〕師古曰：「壽考而終其命。」

釐公十六年「正月，六鶂退蜚，過宋都」。〔一〕左氏傳曰「風也」。劉歆以爲風發於它所，至宋而高，鶂高蜚而逢之，則退。經以見者爲文，故記退蜚；傳以實應著，言風，常風之罰也。象宋襄公區霧自用，不容臣下，逆司馬子魚之諫，而與彊楚爭盟，〔二〕後六年爲楚所執，〔三〕應六鶂之數云。京房易傳曰：「潛龍勿用，〔四〕衆逆同志，至德乃潛，厥異風。其風也，行不解物，不長，〔五〕雨小而傷。政悖德隱茲謂亂，厥風先風不雨，大風暴起，發屋折木。守義不進茲謂耄，厥風與雲俱起，折五穀莖。臣易上政，茲謂不順，厥風大猋發屋。〔六〕賦斂不理茲謂禍，厥風絕經〔紀〕〔緯〕，〔七〕止卽溫，溫卽蟲。侯專封茲謂不統，厥風疾，而樹不搖，穀不成。辟不思道利，茲謂無澤，〔八〕厥風不搖木，旱無雲，傷禾。公常於利茲謂亂，〔九〕厥風微而溫，生蟲蝗，害五穀。棄正作淫茲謂惑，厥風溫，螟蟲起，害有益人之物。侯不朝茲謂叛，厥風無恆，地變赤而殺人。」

〔一〕師古曰：「鶂音五狄反。」
〔二〕師古曰：「子魚，公子目夷也，桓公之子，而爲司馬。爭盟，謂爲鹿上之盟，以求諸侯於楚。子魚諫曰：『小國爭盟，禍也。』公不聽之。」
〔三〕師古曰：「僖二十一年，楚執宋公以伐宋，距六鶂退飛凡六年。」
〔四〕師古曰：「乾初九爻辭。」
〔五〕師古曰：「不解物，謂物逢之而不解散也。不長，所起者近也。」
〔六〕師古曰：「猋，疾風也，音必遙反。」
〔七〕如淳曰：「有所破壞，絕匹帛之屬也。」晉灼曰：「南北爲經，東西爲緯，絲因風暴，亂不端理也。」

〔八〕師古曰：「道讀曰導，不思導示於下而安利之。」

〔九〕師古曰：「公，上爵也。常於利，謂心常求利也。」

文帝二年六月，淮南王都壽春大風毀民室，殺人。劉向以爲是歲南越反，攻淮南邊，淮南王長破之，後年入朝，殺漢故丞相辟陽侯，上赦之，歸聚姦人謀逆亂，自稱東帝，見異不寤，後遷于蜀，道死廱。

文帝五年，吳暴風雨，壞城官府民室。時吳王濞謀爲逆亂，天戒數見，終不改寤，後卒誅滅。

五年十月，楚王都彭城大風從東南來，毀市門，殺人。是月王戊初嗣立，後坐淫削國，與吳王謀反，刑僇諫者。〔一〕吳在楚東南，天戒若曰，勿與吳爲惡，將敗市朝。王戊不寤，卒隨吳亡。

〔一〕師古曰：「謂楚相張尙、太傅趙夷吾也。僇，古戮字。下皆類此。」

昭帝元鳳元年，燕王都薊大風雨，〔一〕拔宮中樹七圍以上十六枚，壞城樓。燕王旦不寤，謀反發覺，卒伏其辜。

〔一〕師古曰：「薊，縣名，燕國之所都。」

釐公十五年「九月己卯晦，震夷伯之廟」。〔一〕劉向以爲晦，暝也；震，雷也。夷伯，世大夫，正〔書〕〔晝〕雷，其廟獨冥。〔二〕天戒若曰，勿使大夫世官，將專事暝晦。明年，公子季友卒，果世官，〔三〕政在季氏。至成公十六年「六月甲午晦」，正晝皆暝，陰爲陽，臣制君也。成公不寤，其冬季氏殺公子偃。〔四〕季氏萌於釐公，〔五〕大於成公，此其應也。董仲舒以爲夷伯，季氏之孚也，〔六〕陪臣不當有廟。震者雷也，晦暝，雷擊其廟，明當絕去僭差之類也。向又以爲此皆所謂夜妖者也。劉歆以爲春秋及朔言朔，及晦言晦，人道所不及，則天震之。展氏有隱慝，故天加誅於其祖夷伯之廟以譴告之也。

〔一〕師古曰：「夷伯，司空無駭之後，本魯公族也，號展氏。」

〔二〕師古曰：「冥，暗也。」

〔三〕師古曰：「謂季友之孫行父仍執政專國，自此以後常爲卿。」

〔四〕師古曰：「爲季文子所殺也。已解於上。」

〔五〕師古曰：「萌，喩草木始生也。言其始有〔成〕〔威〕權。」

〔六〕師古曰：「孚，信也。所信任之臣也。」

成公十六年「六月甲午晦，晉侯及楚子、鄭伯戰于鄢陵」。皆月晦云。

隱公五年「秋，螟」。董仲舒、劉向以爲時公觀漁于棠，貪利之應也。〔一〕劉歆以爲又逆臧臧伯之諫，〔二〕貪利區霿，以生蠃蟲之孽也。

〔一〕師古曰：「棠，魯地也。陳漁者之事而觀之也。」

〔二〕師古曰：「臧僖伯，公子彄也，孝公之子，諫觀漁。」

八年「九月，螟」。時鄭伯以邴將易許田，〔一〕有貪利心。京房易傳曰：「臣安祿茲謂貪，厥災蟲，蟲食根。德無常茲謂煩，蟲食葉。不絀無德，蟲食本。與東作爭，茲謂不時，〔二〕蟲食節。蔽惡生孽，蟲食心。」〔三〕

〔一〕師古曰：「〔邴〕，鄭祀泰山之邑也，音彼命反。已解於上。」

〔二〕師古曰：「奪農時也。」

〔三〕師古曰：「蔽謂惡人蔽君之明（謂）〔爲〕災孽也。」

嚴公六年「秋，螟」。董仲舒、劉向以爲先是衞侯朔出奔齊，齊侯會諸侯納朔，〔一〕許諸侯賂。〔二〕齊人歸衞寶，魯受之，〔三〕貪利應也。

〔一〕師古曰：「朔謂惠公也。桓十六年，以左公子（洩）〔泄〕、右公子職立公子黔牟，故惠公奔齊。至莊五年，會齊人、宋人、蔡人伐衞而納惠公也。」

〔二〕師古曰：「諸國各有賂。」

〔三〕師古曰：「以伐衞所獲之寶來歸魯。」

文帝後六年秋，螟。是歲匈奴大入上郡、雲中，烽火通長安，遣三將軍屯邊，三將軍屯

京師。〔一〕

〔一〕師古曰：「並已解於上。」

宣公三年，「郊牛之口傷，改卜牛，牛死」。劉向以爲近牛禍也。是時宣公與公子遂謀共殺子赤而立，〔一〕又以喪娶，〔二〕區霿昏亂。亂成於口，幸有季文子得免於禍，天猶惡之，生則不饗其祀，〔三〕死則災燔其廟。〔四〕董仲舒指略同。

〔一〕師古曰：「已解於上也。」

〔二〕師古曰：「宣元年正月，公子遂如齊逆女。三月，遂以夫人婦姜至自齊，時(成)〔文〕公喪制未除。」

〔三〕師古曰：「謂郊牛傷死，是天不欲饗其祀。」

〔四〕師古曰：「成三年，新宮災。新宮者，宣之廟也，以其新成，故謂之新宮。」

秦孝文王五年，斿朐衍，有獻五足牛者。〔一〕劉向以爲近牛禍也。先是文惠王初都咸陽，廣大宮室，南臨渭，北臨涇，思心失，逆土氣。足者止也，戒秦建止奢泰，將致危亡。〔二〕秦遂不改，至於離宮三百，復起阿房，未成而亡。一曰，牛以力爲人用，足所以行也。其後秦大用民力轉輸，起負海至北邊，〔三〕天下叛之。京房易傳曰：「興繇役，奪民時，厥妖牛生五足。」

〔一〕師古曰：「朐衍，地名，在北地。朐音許于反。」

〔二〕如淳曰：「建立基止。泰，奢泰。」

〔三〕師古曰：「負海，猶言背海也。」

景帝中六年，梁孝王田北山，有獻牛，足上出背上。劉向以爲近牛禍。先是孝王驕奢，起苑方三百里，宮館閣道相連三十餘里。納於邪臣羊勝之計，欲求爲漢嗣，刺殺議臣爰盎，事發，負斧歸死。既退歸國，猶有恨心，內則思慮霿亂，外則土功過制，故牛旤作。足而出於背，下奸上之象也。〔一〕猶不能自解，發疾暴死，又凶短之極也。

〔一〕師古曰：「奸，犯也，音干。」

左氏傳昭公二十一年春，周景王將鑄無射鍾，〔一〕泠州鳩曰：〔二〕「王其以心疾死乎！夫天子省風以作樂，〔三〕小者不窕，大者不槬。〔四〕槬則不容，心是以感，感實生疾。今鍾槬矣，王心弗（戡）〔㦸〕，〔五〕其能久乎？」劉向以爲是時景王好聽淫聲，適庶不明，〔六〕思心霿亂，明年以心疾崩，近心腹之痾，凶短之極者也。

〔一〕師古曰：「鍾聲中無射之律也。射音弋石反。」

〔二〕應劭曰：「泠，官也。州鳩，名也。」師古曰：「樂官曰泠，後遂以爲氏。泠音零，其字從水。」

〔三〕應劭曰：「風，土地風俗也。省中和之風以作樂，然後可移惡風易惡俗也。」臣瓚曰：「省風俗之流駭，作樂以救其敝也。」師古曰：「應説是也。省，觀也。」

〔四〕師古曰：「窕，輕小也。槬，橫大也。窕音它堯反。槬音胡化反。」

〔五〕孟康曰：「古堪字。」

〔六〕師古曰：「適讀曰嫡。謂太子壽卒，王立子猛爲嗣，後又欲立子朝也。」

昭二十五年春，魯叔孫昭子聘于宋，元公與燕，飲酒樂，語相泣也。〔一〕樂祁佐，〔二〕告人曰：「今茲君與叔孫其皆死乎！吾聞之，哀樂而樂哀，皆喪心也。〔三〕心之精爽，是謂魂魄；魂魄去之，何以能久？」冬十月，叔孫昭子死；十一月，宋元公卒。

〔一〕師古曰：「昭子，叔孫婼也。元公，宋平公子也。相泣，相對而俱泣也。」

〔二〕師古曰：「樂祁，宋司城子梁也。佐，佐酒。」

〔三〕師古曰：「哀樂，可樂而反哀也。樂哀，可哀而反樂也。喪，失之也。」

昭帝元鳳元年九月，燕有黃鼠銜其尾舞王宮端門中，往視之，鼠舞如故。王使夫人以酒脯祠，鼠舞不休，夜死。黃祥也。時燕剌王旦謀反將敗，死亡象也。其月，發覺伏辜。京房易傳曰：「誅不原情，厥妖鼠舞門。」

成帝建始元年四月辛丑夜，西北有如火光。壬寅晨，大風從西北起，雲氣赤黃，四塞天下，終日夜下著地者黃土塵也。是歲，帝元舅大司馬大將軍王鳳始用事；又封鳳母弟崇爲安成侯，食邑萬戶；庶弟譚等五人賜爵關內侯，食邑三千戶。〔一〕復益封鳳五千戶，悉封譚等爲列侯，是爲五侯。哀帝即位，封外屬丁氏、傅氏、周氏、鄭氏凡六人爲列侯。〔二〕楊宣對曰：「五侯封日，天氣赤黃，丁、傅復然。〔三〕此殆爵土過制，傷亂土氣之祥也。」京房易傳曰：「經稱『觀其生』，〔四〕言大臣之義，當觀賢人，知其性行，推而貢之，否則爲聞善不與，茲謂不知，〔五〕厥異黃，厥咎聾，厥災不嗣。黃者，日上黃光不散如火然，有黃濁氣四塞天下。蔽賢絕道，故災異至絕世也。經曰『良馬逐』。〔六〕逐，進也，言大臣得賢者謀，當顯進其人，否則爲下相攘善，〔七〕茲謂盜明，厥咎亦不嗣，至於身僇家絕。」〔八〕

〔一〕師古曰：「譚、商、音、根、逢時凡五人。」

〔二〕師古曰：「外戚傳傅太后弟子喜封高武侯，晏封孔鄉侯，商封汝昌侯，同母弟子鄭業爲陽信侯，丁太后兄明封陽安侯，子滿封平周侯。傅氏、鄭氏侯者四人，丁氏侯者二人。今此言六人爲列侯，其數是也。傅氏、丁氏、鄭氏則有之，而不見周氏所出。志傳不同，未詳其意。」

〔三〕服虔曰：「楊宣，諫大夫也。」

〔四〕師古曰：「易觀卦上九爻辭。」

〔五〕師古曰：「徒知之而已，不能進助也。」

〔六〕師古曰：「此易大畜九三爻辭。」

〔七〕師古曰：「攘，卻也。言不進達之也。一曰攘，因也。因而竊取曰攘。音人羊反。」

〔八〕師古曰：「僇，古戮字。」

史記周幽王二年，周三川皆震。〔一〕劉向以爲金木水火沴土者也。伯陽甫曰：〔二〕「周將亡矣！天地之氣不過其序；若過其序，民亂之也。陽伏而不能出，陰迫而不能升，〔三〕於是有地震。今三川實震，是陽失其所而填陰也。〔四〕陽失而在陰，原必塞；〔五〕原塞，國必亡。夫水，土演而民用也；〔六〕土無所演，而民乏財用，不亡何待？昔伊雒竭而夏亡，河竭而商亡，今周德如二代之季，其原又塞，塞必竭；川竭，山必崩。夫國必依山川，山崩川竭，亡之徵也。若國亡，不過十年，數之紀也。」

〔一〕應劭曰：「震，地震三川竭也。」師古曰：「三川，涇、渭、洛也。洛即漆沮也。川自震耳，故將壅塞，非地震也。」

〔二〕服虔曰：「周太史。」

〔三〕應劭曰：「迫，陰迫陽，使不能升也。」

〔四〕應劭曰：「失其所，失其道也。填陰，爲陰所填不得升也。」師古曰：「填音竹刃反。」

〔五〕師古曰：「原謂水泉之本也。」

〔六〕應劭曰：「演，引也，所以引出土氣者也。」師古曰：「演音衍。」

是歲〔二〕〔三〕川竭，岐山崩。劉向以爲陽失在陰者，謂火氣來煎枯水，故川竭也。山川連體，下竭上崩，事勢然也。時幽王暴虐，妄誅伐，不聽諫，迷於褒姒，廢其正后，〔一〕廢后之父申侯與犬戎共攻殺幽王。一曰，其在天文，水爲辰星，辰星爲蠻夷。月食辰星，國以女亡。幽王之敗，女亂其內，夷攻其外。京房易傳曰：「君臣相背，厥異名水絕。」〔二〕

〔一〕師古曰：「褒姒，褒人所獻之女也。正后，申后也。蓋白華之詩所爲作也。」

〔二〕師古曰：「有名之水。」

文公九年「九月癸酉，地震」。劉向以爲先是時，齊桓、晉文、魯釐二伯賢君新沒，〔一〕周襄王失道，〔二〕楚穆王殺父，〔三〕諸侯皆不肖，權傾於下，天戒若曰，臣下彊盛者將動爲害。後宋、魯、晉、莒、鄭、陳、齊皆殺君。〔四〕諸震，略皆從董仲舒說也。京房易傳曰：「臣事雖正，專必震，其震，於水則波，於木則搖，於屋則瓦落。大經在辟而易臣，茲謂陰動，〔五〕厥震搖政宮。大經搖政，茲謂不陰，厥震搖山，山出涌水。嗣子無德專祿，茲謂不順，厥震動丘陵，涌水出。」

〔一〕師古曰：「齊桓、晉文，二伯也。魯僖，賢君也。伯讀曰霸。」

〔二〕師古曰：「謂避叔帶之難而出奔，失爲君之道。」

〔三〕師古曰：「穆王，商臣也，殺其父成王也。」

〔四〕師古曰：「文十六年宋人殺其君杵臼，十八年襄仲殺惡，宣二年晉趙盾殺其君夷皐，文十八年莒弒其君庶其，宣四年鄭公子歸生弒其君夷，十年陳夏徵舒殺其君平國，文十八年齊人殺其君商人。」

〔五〕服虔曰：「經，常也。辟音刑辟之辟。」蘇林曰：「大經，五行之常經也。在辟，衆陰犯殺其上也。」師古曰：「辟讀曰僻，謂常法僻壞而易臣也。」

襄公十六年「五月甲子，地震」。劉向以爲先是雞澤之會，諸侯盟，大夫又盟。〔一〕是歲三月，諸侯爲溴梁之會，而大夫獨相與盟，〔二〕五月地震矣。其後崔氏專齊，欒盈亂晉，良霄傾鄭，閽殺吳子，燕逐其君，楚滅陳、蔡。〔三〕

〔一〕師古曰：「雞澤，衞地也。襄三年，公會單子、晉侯、宋公、衞侯、鄭伯、莒子、邾子、齊世子光，己未，同盟于雞澤。陳侯使袁僑如會，戊寅，叔孫豹及諸侯大夫及陳袁僑盟也。」

〔二〕師古曰：「經書諸大夫盟，謂晉、宋、衞、鄭、曹、莒、邾、薛、杞、小邾之大夫。」

〔三〕師古曰：「崔氏，齊卿崔杼也。欒盈，晉大夫欒桓子之子懷子也，二十一年奔楚，二十三年復入于晉而作亂。良霄，鄭大夫伯有也。三十年，子皙以駟氏之甲伐而焚之，伯有奔雝梁，遂奔許，晨自墓門之瀆入，介于襄庫，以伐舊北門。駟帶率國人伐之，伯有死于羊肆。閽，守門者也。吳子，餘祭也。吳人伐越，獲俘焉，以爲閽，使守舟。二十九年，餘祭觀舟，閽以刀殺之。燕，北燕國也。昭三年冬，燕大夫殺公之外嬖，公懼奔齊。昭八年，楚師滅陳。十一年，楚滅蔡也。」

昭公十九年「五月己卯，地震」。劉向以爲是時季氏將有逐君之變。其後宋三臣、曹會皆以地叛，〔一〕蔡、莒逐其君，吳敗中國殺二君。〔二〕

〔一〕師古曰：「二十年，宋華亥、向寧、華定出奔陳，二十一年自陳入于宋南里以叛。曹會，大夫公孫會也，二十年自鄸出奔宋。穀梁傳曰『自鄸者，專鄸也』。鄸，會之邑也。鄸音莫鳳反。」

〔三〕師古曰：「昭二十一年，蔡人信費無極之言，出蔡侯朱，朱出奔楚。二十三年，莒子庚輿虐而好劍，國人患之。秋七月，烏存帥國人以逐之，庚輿出奔魯。戊辰，吳敗楚、頓、胡、沈、蔡、陳、許之師於雞父，胡子髡、沈子逞滅，是也。」

二十三年「八月乙未，地震」。劉向以爲是時周景王崩，劉、單立王子猛，尹氏立子朝。〔一〕其後季氏逐昭公，黑肱叛邾，〔二〕吳殺其君僚，〔三〕宋五大夫、晉二大夫皆以地叛。〔四〕

〔一〕師古曰：「已解於上。」

〔二〕師古曰：「黑肱，邾大夫也。三十一年，經書『邾黑肱以濫來奔』。濫，邾邑。」

〔三〕師古曰：「二十七年，吳公子光使專設諸抽劍刺王是也。」

〔四〕師古曰：「定十年，宋公之弟辰暨仲佗、石彄出奔陳。十一年春，辰及仲佗、石彄、公子地自陳入於蕭以叛。秋，宋樂大心自曹入於蕭。十三年，晉荀寅、士吉射入朝歌以叛。」

哀公三年「四月甲午，地震」。劉向以爲是時諸侯皆信邪臣，莫能用仲尼，盜殺蔡侯，齊陳乞弒君。〔一〕

〔一〕師古曰：「哀四年，經書『盜殺蔡侯申』。左氏傳曰：『蔡昭侯將如吳，諸大夫恐其又遷也，公孫翩逐而射之，入於家人而卒。』陳乞，齊大夫陳僖子也。六年，乞殺其君荼。荼，景公之子安孺子也。荼音大胡反。」

惠帝二年正月，地震隴西，厭四百餘家。〔一〕武帝征和二年八月癸亥，地震，厭殺人。宣帝本始四年四月壬寅，地震河南以東四十九郡，北海琅邪壞祖宗廟城郭，殺六千餘人。元帝永光三年冬，地震。綏和二年九月丙辰，地震，自京師至北邊郡國三十餘壞城郭，凡殺四百一十五人。

〔一〕師古曰：「厭音一甲反。次下亦同。」

釐公十四年「秋八月辛卯，沙麓崩」。穀梁傳曰：「林屬於山曰麓，〔一〕沙其名也。」劉向以爲臣下背叛，散落不事上之象也。先是，齊桓行伯道，會諸侯，〔二〕事周室。管仲既死，桓德日衰，天戒若曰，伯道將廢，諸侯散落，政逮大夫，陪臣執命，臣下不事上矣。桓公不寤，天子蔽晦。〔三〕及齊（威）〔桓〕死，天下散而從楚。王札子殺二大夫，〔四〕晉敗天子之師，〔五〕莫能征討，從是陵遲。公羊以爲沙麓，河上邑也。董仲舒說略同。一曰，河，大川象；齊，大國；桓德衰，伯道將移於晉文，故河爲徙也。左氏以爲沙麓，晉地；沙，山名也；地震而麓崩，不書震，舉重者也。伯陽甫所謂「國必依山川，山崩川竭，亡之徵也；不過十年，數之紀也。」至二十四年，晉懷公殺於高梁。〔六〕京房易傳曰：「小人剝廬，〔七〕厥妖山崩，茲謂陰乘陽，弱勝彊。」

〔一〕師古曰：「屬，聯也，音之欲反。」

〔二〕師古曰：「伯讀曰霸。其下亦同。」

〔三〕師古曰：「蔽，掩蔽而暗也。」

〔四〕師古曰：「二大夫，召伯、毛伯也。」

〔五〕師古曰：「謂敗之於貿戎也。已解於上也。」

〔六〕師古曰：「懷公謂子圉，惠公之子也。文公入國而使殺之。高梁，晉地。」

〔七〕師古曰：「剝卦上九爻之辭。」

成公五年「夏，梁山崩」。穀梁傳曰廱河三日不流，〔一〕晉君帥羣臣而哭之，乃流。〔二〕劉向以為山陽，君也，水陰，民也，天戒若曰，君道崩壞，下亂，百姓將失其所矣。哭然後流，喪亡象也。梁山在晉地，自晉始而及天下也。後晉暴殺三卿，厲公以弒。〔三〕溴梁之會，天下大夫皆執國政，〔四〕其後孫、甯出衞獻，〔五〕三家逐魯昭，單、尹亂王室。〔六〕董仲舒說略同。劉歆以為梁山，晉望也；崩，弛崩也。〔七〕古者三代命祀，祭不越望，吉凶禍福，不是過也。國主山川，山崩川竭，亡之徵也，美惡周必復。〔八〕是歲歲在鶉火，至十七年復在鶉火，欒書、中行偃殺厲公而立悼公。

〔一〕師古曰：「廱讀曰壅。」

〔二〕師古曰：「從伯宗用輦者之言。」

〔三〕師古曰：「三卿謂郤犫、郤錡、郤至也。厲公殺之，而欒書、中行偃又弒厲公。事在成十七年。」

〔四〕師古曰：「已解於上。」

〔五〕師古曰：「孫，孫林父，甯，甯殖，皆衞大夫也。衞獻公，定公之子也，名衎。獻公戒二子食，日旰不召，而射鴻於囿，二子怒，因作亂。公如鄄，遂出奔齊。孫氏追之，敗公徒於柯澤。事在襄十四年。」

〔六〕師古曰：「並解於上。」

〔七〕師古曰：「言漸解散也。弛音式爾反。」

〔八〕師古曰：「復音扶目反。」

高后二年正月，武都山崩，殺七百六十人，地震至八月乃止。文帝元年四月，齊楚地山二十九所同日俱大發水，潰出，劉向以爲近水沴土也。天戒若曰，勿盛齊楚之君，今失制度，將爲亂。後十六年，帝庶兄齊悼惠王之孫文王則薨，無子，帝分齊地，立悼惠王庶子六人皆爲王。〔一〕賈誼、鼂錯諫，以爲違古制，恐爲亂。至景帝三年，齊楚七國起兵百餘萬，漢皆破之。春秋四國同日災，〔二〕漢七國同日衆山潰，咸被其害，不畏天威之明效也。

〔一〕師古曰：「謂齊孝王將閭、濟北王志、菑川王賢、膠東王雄渠、膠西王卬、濟南王辟光。」

〔二〕師古曰：「宋、衞、陳、鄭。」

成帝河平三年二月丙戌，犍爲柏江山崩，捐江山崩，皆廱江水，〔一〕江水逆流壞城，殺十三人，地震積二十一日，百二十四動。元延三年正月丙寅，蜀郡岷山崩，廱江，江水逆流，三日乃通。劉向以爲周時岐山崩，三川竭，而幽王亡。岐山者，周所興也。漢家本起於蜀漢，今所起之地山崩川竭，星孛又及攝提、大角，從參至辰，〔二〕殆必亡矣。其後三世亡嗣，王莽篡位。

〔一〕師古曰：「鬁讀曰犂。次下亦同。」

〔二〕如淳曰：「孛星尾長及攝提、大角，始發於參至辰也。」

傳曰：「皇之不極，是謂不建，厥咎眊，〔一〕厥罰恆陰，厥極弱。時則有射妖，時則有龍蛇之孽，時則有馬禍，時則有下人伐上之痾，時則有日月亂行，星辰逆行。」

〔一〕服虔曰：「眊音老耄。」

「皇之不極，是謂不建」，皇，君也。極，中；建，立也。人君貌言視聽思心五事皆失，不得其中，則不能立萬事，失在眊悖，故其咎眊也。〔一〕王者自下承天理物。雲起於山，而彌於天；〔二〕天氣亂，故其罰常陰也。一曰，上失中，則下彊盛而蔽君明也。易曰「亢龍有悔，貴而亡位，高而亡民，賢人在下位而亡輔」，〔三〕如此，則君有南面之尊，而亡一人之助，故其極弱也。盛陽動進輕疾。〔四〕禮，春而大射，以順陽氣。〔五〕上微弱則下奮動，故有射妖。易曰「雲從龍」，〔六〕又曰「龍蛇之蟄，以存身也」。〔七〕陰氣動，故有龍蛇之孽。於易，乾爲君爲馬，馬任用而彊力，君氣毀，故有馬禍。一曰，馬多死及爲怪，亦是也。君亂且弱，人之所叛，天之所去，不有明王之誅，則有篡弒之禍，故有下人伐上之痾。凡君道傷者病天氣，不言五行沴天，而曰「日月亂行，星辰逆行」者，爲若下不敢沴天，猶春秋曰「王師敗績于貿戎」，不言敗之者，以自敗爲文，尊尊之意也。劉歆皇極傳曰有下體生上之痾。說以爲下人伐上，天誅已成，不得復爲痾云。皇極之常陰，劉向以爲春秋亡其應。一曰，久陰不雨是也。劉歆以爲自屬常陰。

〔一〕師古曰：「眊，不明也。悖，惑也，音布內反。」
〔二〕師古曰：「彌，滿也。」
〔三〕師古曰：「乾上九文言也。」
〔四〕服虔曰：「陽行輕且疾也。」
〔五〕韋昭曰：「將祭，與羣臣射，謂之大射。」
〔六〕師古曰：「乾九五文言。」
〔七〕師古曰：「下繫辭也。」

昭帝元平元年四月崩，亡嗣，立昌邑王賀。賀即位，天陰，晝夜不見日月。賀欲出，光祿大夫夏侯勝當車諫曰：「天久陰而不雨，臣下有謀上者，陛下欲何之？」賀怒，縛勝以屬吏，〔一〕吏白大將軍霍光。光時與車騎將軍張安世謀欲廢賀。光讓安世，以爲泄語，安世實不泄，召問勝。勝上洪範五行傳曰：「『皇之不極，厥罰常陰，時則有下人伐上。』不敢察察言，〔一〕故云臣下有謀。」光、安世讀之，大驚，以此益重經術士。後數日卒共廢賀，此常陰之明效也。京房易傳曰：「有蜺、蒙、霧。霧，上下合也。蒙如塵雲。蜺，日旁氣也。其占日：后妃有專，蜺再重，赤而專，至衝旱。〔二〕妻不壹順，黑蜺四背，又白蜺雙出日中。妻以貴高夫，茲謂擅陽，蜺四方，日光不陽，解而溫。〔四〕內取茲謂禽，〔五〕蜺如禽，在日旁。以尊降妃，茲謂薄嗣，蜺直而塞，六辰乃除，夜星見而赤。〔六〕女不變始，茲謂乘夫，〔七〕蜺白在日側，黑蜺果之，氣正直。〔八〕妻不順正，茲謂擅陽，蜺中窺貫而外專。夫妻不嚴茲謂媟，〔九〕蜺與日會。婦人擅國茲謂頃，〔一〇〕蜺白貫日中，赤蜺四背。〔一一〕適不答茲謂不次，〔一二〕蜺直在左，蜺交在右。取於不專，茲謂危嗣，蜺抱日兩未及。君淫外茲謂亡，蜺氣左日交於外。取不達茲謂不知，蜺白奪明而大溫，溫而雨。〔一三〕尊卑不別茲謂媟，蜺三出三已，三辰除，〔一四〕除則日出且雨。臣私祿及親，茲謂罔辟，〔一五〕厥異蒙，其蒙先大溫，已蒙起，日不見。行善不請於上，茲謂作福，蒙一日五起五解。辟不下謀，臣辟異道，茲謂不見，上蒙下霧，風三變而俱解。立嗣子疑，茲謂動欲，蒙赤，日不明。德不序茲謂不聽，蒙，日不明，溫而民病。德不試，空言祿，〔一六〕茲謂主窳臣夭，〔一七〕蒙起而白。君樂逸人茲謂放，蒙，日青，黑雲夾日，左右前後行過日。公不任職，茲謂怙祿，蒙三日，又大風五日，蒙不解。利邪以食，茲謂閉上，蒙大起，白雲如山行蔽日。公懼不言道，茲謂閉下，蒙大起，日不見，若雨不雨，至十二日解，而有大雲蔽日。

祿生於下，茲謂誣君，蒙微而小雨，已乃大雨。下相攘善，茲謂盜明，蒙黃濁。下陳功，求於上，茲謂不知，蒙，微而赤，風鳴條，解復蒙。下專刑茲謂分威，蒙而日不得明。大臣厭小臣茲謂蔽，蒙微，日不明，若解不解，大風發，赤雲起而蔽日。衆不惡惡茲謂閉，蒙，尊卦用事，〔八〕三日而起，日不見。漏言亡喜，茲謂下厝用，〔九〕蒙微，日無光，有雨雲，雨不降。廢忠惑佞茲謂亡，蒙，天先清而暴，蒙微而日不明。有逸民茲謂不明，蒙濁，奪日光。公不任職，茲謂不絀，蒙白，三辰止，則日青，青而寒，寒必雨。忠臣進善君不試，茲謂遏，〔一〇〕蒙，先小雨，雨已蒙起，微而日不明。惑衆在位，茲謂覆國，蒙微而日不明，一溫一寒，風揚塵。知佞厚之茲謂庳，蒙甚而溫。君臣故弼茲謂悖，〔一一〕厥災風雨霧，風拔木，亂五穀，已而大霧。庶正蔽惡，茲謂生孽災，厥異霧。」此皆陰雲之類云。

〔一〕師古曰：「屬，委也，音之欲反。」

〔二〕臣瓚曰：「不敢察察明言之。」

〔三〕孟康曰：「專，員也。若五月再重，赤而員，至十一月畢也。」

〔四〕服虔曰：「蒙氣解而溫。」

〔五〕服虔曰：「人君內淫於骨肉也。」臣瓚曰：「人君取於國中也。」師古曰：「取，如禮記『聚麀』之聚。瓚說非。」

〔六〕韋昭曰：「六辰，謂從卯至申。」

〔七〕孟康曰：「始貴高於夫，終行此不變也。」

〔八〕師古曰：「果謂干之也。」

〔九〕韋昭曰：「媟言媟慢也。」師古曰：「音先列反。」

〔一〇〕師古曰：「頃讀曰傾。」

〔一一〕服虔曰：「蛻背日。」

〔一二〕服虔曰：「言適妻不見答也。」臣瓚曰：「夫不接妻謂不答。」師古曰：「適讀曰嫡。答，報也。言妻有承順之心，不見報答也。一曰，答，對也，言不以恩意接對之。」

〔一三〕師古曰：「取讀曰娶。」

〔一四〕韋昭曰：「若從寅至辰也。蜺且見西，晏則雨。」

〔一五〕韋昭曰：「辟，君也。」師古曰：「辟音璧。其下並同。」

〔一六〕師古曰：「試，用也。」

〔一七〕孟康曰：「謂君惰窳，用人不以次第，爲天也。」師古曰：「窳音庾。」

〔一八〕孟康曰：「辟卦，乾坤也。」臣瓚曰：「京房謂之方伯卦，震、兌、坎、離也。」師古曰：「孟說是。」

〔一九〕師古曰：「厝音千各反。」

〔二〇〕師古曰：「試，用也。」

〔二一〕師古曰：「弼猶相戾也。悖，惑也。」

嚴公十八年「秋，有蜮」。劉向以爲蜮生南越。越地多婦人，男女同川，淫女爲主，亂氣所生，故聖人名之曰蜮。蜮猶惑也，在水旁，能射人，射人有處，甚者至死。〔一〕南方謂之短弧，〔二〕近射妖，死亡之象也。時嚴將取齊之淫女，故蜮至。天戒若曰，勿取齊女，將生淫惑篡弒之禍。嚴不寤，遂取之。入後淫於二叔，二叔以死，兩子見弒，夫人亦誅。〔三〕劉歆以爲蜮，盛暑所生，非自越來也。京房易傳曰：「忠臣進善君不試，厥咎國生蜮。」〔四〕

〔一〕師古曰：「以氣射人也。」
〔二〕師古曰：「卽射工也，亦呼水弩。」
〔三〕師古曰：「並解于上。」
〔四〕師古曰：「試，用也。」

史記魯哀公時，有隼集于陳廷而死，〔一〕楛矢貫之，〔二〕石砮，〔三〕長尺有咫。〔四〕陳閔公使使問仲尼，〔五〕仲尼曰：「隼之來遠矣！昔武王克商，通道百蠻，使各以方物來貢，肅愼貢楛矢，〔六〕石砮長尺有咫。先王分異姓以遠方職，使毋忘服，〔七〕故分陳以肅愼矢。」試求之故府，果得之。〔八〕劉向以爲隼近黑祥，貪暴類也；矢貫之，近射妖也；死於廷，國亡表也。象陳眊亂，不服事周，〔九〕而行貪暴，將致遠夷之禍，爲所滅也。是時中國齊晉、南夷吳楚爲彊，〔一〇〕陳交晉不親，附楚不固，數被二國之禍。後楚有白公之亂，〔一一〕陳乘而侵之，〔一二〕卒爲楚所滅。〔一三〕

〔一〕師古曰：「隼，鷙鳥，即今之鶻也。說者以爲鷂，失之矣。廷，朝廷也。鶻字音胡骨反。」
〔二〕應劭曰：「楛，木名。」師古曰：「音怙，其木堪爲箭笴，今豳以北皆用之，土俗呼其木爲楛子也。」
〔三〕應劭曰：「砮，鏃也，音奴，又乃互反。」
〔四〕張晏曰：「八寸曰咫。」
〔五〕師古曰：「閔公名周，懷公之子。」
〔六〕臣瓚曰：「肅慎，東北夷。」
〔七〕師古曰：「服，事也。」
〔八〕師古曰：「得昔所分之矢於府藏中。」
〔九〕師古曰：「眊音莫報反。」
〔一〇〕師古曰：「中國則齊、晉爲彊，南夷則吳、楚爲彊。」
〔一一〕師古曰：「白公，楚平王太子建之子勝也。建遇讒，奔鄭而死。勝在吳，子西召之，使處吳境，爲白公。吳人伐慎，白公敗之，請以戰備獻，因作亂，子西、子期皆死。事在哀十六年。」
〔一二〕師古曰：「白公之亂，陳人恃其聚而侵楚　事見哀十七年。」
〔一三〕師古曰：「陳閔公之二十年，獲麟之歲也。其二十四年，而爲楚所滅。」

史記夏后氏之衰，有二龍止於夏廷，而言「余，褒之二君也」。〔一〕夏帝卜殺之，去之，止之，莫吉；卜請其漦而藏之，乃吉。〔二〕於是布幣策告之。〔三〕龍亡而漦在，乃匵去之。〔四〕其後夏亡，傳匵於殷周，三代莫發，至厲王末，發而觀之，漦流于廷，不可除也。厲王使婦人羸而譟之，〔五〕漦化爲玄黿，〔六〕入後宮。處妾遇之而孕，〔七〕生子，懼而棄之。宣王立，女童謠曰：「檿弧萁服，實亡周國。」〔八〕後有夫婦鬻是器者，宣王使執而僇之。〔九〕既去，見處妾所棄妖子，聞其夜號，哀而收之，遂亡奔褒。褒人有罪，入妖子以贖，是爲褒姒，幽王見而愛之，生子伯服。王廢申后及太子宜咎，而立褒姒、伯服代之。廢后之父申侯與繒西畎戎共攻殺幽王。〔一〇〕詩曰：「赫赫宗周，褒姒威之。」〔一一〕劉向以爲夏后季世，周之幽、厲，皆誖亂逆天，〔一二〕故有龍黿之怪，近龍蛇孽也。漦，血也，一曰沫也。檿弧，桑弓也。萁服，蓋以萁草爲箭服，近射妖也。女童謠者，禍將生於女，國以兵寇亡也。〔一三〕

〔一〕師古曰：「褒，古國名。」

〔二〕應劭曰：「漦，沫也。」鄭氏曰：「漦音牛齝之齝。」師古曰：「去謂驅逐也，止謂拘留也。去音丘呂反。漦音丑之反。」

〔三〕師古曰：「奠幣爲禮，讀策辭而告之也。說者以爲策者糈米，蓋失之矣。」

〔四〕師古曰：「匵，匱也。去，藏也。匵音讀。去音丘呂反。」

〔五〕應劭曰：「羣呼曰譟。」師古曰：「譟音先到反。」

〔六〕韋昭曰：「玄，黑；黿，蚖蜴也，似蛇而有足。」師古曰：「黿似鼈而大，非蛇及蚖蜴。」

〔七〕師古曰：「處妾，宮中之童女。」

〔八〕服虔曰：「檿，檿桑也。」師古曰：「女童謠，閭里之童女爲歌謠也。檿，山桑之有點文者也。木弓曰弧。服，盛箭者，即今之步叉也。萁，草，似荻而細，織之爲服也。檿音一簟反。萁音基。荻音敵。」

〔九〕師古曰：「鬻，賣也，音弋六反。」

〔一〇〕師古曰：「畎戎即犬戎，亦曰昆夷。」

〔一一〕師古曰：「小雅正月之詩也。赫赫，盛貌也。宗周，鎬京也。烕，滅也，音呼悅反。」

〔一二〕師古曰：「誖，惑也，音布內反。」

〔一三〕師古曰：「因婦人以致兵寇也。」

左氏傳昭公十九年，龍鬬於鄭時門之外洧淵。〔一〕劉向以爲近龍孽也。鄭以小國攝乎晉楚之間，〔二〕重以彊吳，〔三〕鄭當其衝，不能修德，將鬬三國，以自危亡。〔四〕是時子產任政，內惠於民，外善辭令，以交三國，鄭卒亡患，能以德消變之效也。京房易傳曰：「衆心不安，厥妖龍鬬。」

〔一〕師古曰：「時門，鄭城門也。洧泉，洧水之泉也。洧水出滎陽密縣東南，至潁川長平入潁也。」

〔二〕師古曰：「攝，收持之。」

〔三〕師古曰：「重音直用反。」

〔四〕師古曰：「言若不修德，則三國伐之，必危亡。」

惠帝二年正月癸酉旦，有兩龍見於蘭陵廷東里溫陵井中，〔一〕至乙亥夜去。劉向以爲龍貴象而困於庶人井中，象諸侯將有幽執之禍。其後呂太后幽殺三趙王，諸呂亦終誅滅。京房易傳曰：「有德遭害，厥妖龍見井中。」又曰：「行刑暴惡，黑龍從井出。」

〔一〕師古曰：「蘭陵縣之廷東里也。溫陵，人姓名也。」

左氏傳魯嚴公時有內蛇與外蛇鬬鄭南門中，內蛇死。劉向以爲近蛇孽也。先是鄭厲公劫相祭仲而逐兄昭公代立。〔一〕後厲公出奔，昭公復入。〔二〕死，弟子儀代立。〔三〕厲公自外劫大夫傅瑕，使僇子儀。〔四〕此外蛇殺內蛇之象也。蛇死六年，而厲公立。嚴公聞之，問申繻曰：「猶有妖乎？」〔五〕對曰：「人之所忌，其氣炎以取之，〔六〕妖由人興也。人亡釁焉，妖不自作。人棄常，故有妖。」〔七〕京房易傳曰：「立嗣子疑，厥妖蛇居國門鬬。」

〔一〕師古曰：「厲公母，宋雍氏之女也。祭仲，祭封人仲足也。桓十一年，宋人執祭仲，曰：『不立突，將死。』仲乃與宋盟而立厲公。昭公奔衞。祭音側介反。」

〔二〕師古曰：「桓十五年，厲公與祭仲之壻雍糾謀殺祭仲，不克，五月，出奔蔡。六月，昭公復歸于鄭。九月，厲公殺檀伯而居櫟也。」

〔三〕師古曰：「桓十七年，高渠彌弒昭公而立其弟子亹。十八年，齊人殺子亹，祭仲乃立亹之弟儀也。」

〔四〕師古曰：「傅瑕，鄭大夫也。莊十四年，厲公自櫟侵鄭，獲傅瑕，與之盟。於是傅瑕殺子儀而納厲公也。」

〔五〕師古曰：「申繻，魯大夫也。繻音須。」

〔六〕師古曰：「炎音弋贍反。」

〔七〕師古曰：「已解於上。」

左氏傳文公十六年夏，有蛇自泉宮出，〔一〕入于國，如先君之數。劉向以爲近蛇孽也。泉宮在囿中，公母姜氏嘗居之，蛇從之出，象宮將不居也。詩曰：「維虺維蛇，女子之祥。」〔二〕又蛇入國，國將有女憂也。如先君之數者，公母將薨象也。秋，公母薨。公惡之，乃毀泉臺。夫妖孽應行而自見，非見而爲害也。文不改行循正，共御厥罰，〔三〕而作非禮，以重其過。〔四〕後二年薨，公子遂殺文之二子惡、視，而立宣公。〔五〕文公夫人大歸于齊。〔六〕

〔一〕師古曰：「泉宮，卽泉臺。」

〔二〕師古曰：「小雅斯干之詩。」

〔三〕師古曰：「共讀曰恭。御讀曰禦，又讀如本字。」

〔四〕師古曰：「重音直用反。」

〔五〕師古曰：「惡卽子赤也。視，其母弟。」

〔六〕師古曰：「本齊女，故出而歸齊，所謂哀姜者也。」

武帝太始四年七月，趙有蛇從郭外入，與邑中蛇鬬孝文廟下，邑中蛇死。後二年秋，有衞太子事，事自趙人江充起。

左氏傳定公十年，宋公子地有白馬駟，〔一〕公嬖向魋欲之，〔二〕公取而朱其尾鬣〔三〕以予之。地怒，使其徒抶魋而奪之。〔四〕魋懼將走，公閉門而泣之，目盡腫。公弟辰謂地曰：「子爲君禮，不過出竟，君必止子。」〔五〕地出奔陳，公弗止。辰爲之請，不聽。辰曰：「是我迋吾兄也，〔六〕吾以國人出，君誰與處？」遂與其徒出奔陳。明年俱入于蕭以叛，大爲宋患，〔七〕近馬禍也。

〔一〕師古曰：「地，宋元公子也。四馬曰駟。」

〔二〕師古曰：「公謂景公，即地之兄也。魋，宋司馬桓魋也。向音式尙反。魋音大回反。」

〔三〕師古曰：「鬣，領上鬣也，音力涉反。」

〔四〕師古曰：「抶，擊也，音丑失反。」

〔五〕師古曰：「辰亦元公子也。言若見君怒，懼而出奔，是爲臣之禮也。竟讀曰境（也）。」

〔六〕應劭曰：「迋音君狂〔反〕。」臣瓚曰：「迋音九放反。」師古曰：「二說皆非也。迋，欺也，音求往反。」

〔七〕師古曰：「蕭，宋邑。」

史記秦孝公二十一年有馬生人，昭王二十年牡馬生子而死。劉向以爲皆馬禍也。孝公始用商君攻守之法，東侵諸侯，至於昭王，用兵彌烈。〔一〕其象將以兵革抗極成功，而還自害也。牡馬非生類，妄生而死，猶秦恃力彊得天下，而還自滅之象也。〔一〕曰，諸畜生非其類，子孫必有非其姓者，至於始皇，果呂不韋子。京房易傳曰：「方伯分威，厥妖牡馬生子。

亡天子，諸侯相伐，厥妖馬生人。」

〔一〕師古曰：「烈，猛也。」

文帝十二年，有馬生角於吳，角在耳前，上鄉。〔一〕右角長三寸，左角長二寸，皆大二寸。劉向以爲馬不當生角，猶吳不當舉兵鄉上也。是時，吳王濞封有四郡五十餘城，〔二〕內懷驕恣，變見於外，天戒早矣。王不寤，後卒舉兵，誅滅。京房易傳曰：「臣易上，政不順，厥妖馬生角，茲謂賢士不足。」又曰：「天子親伐，馬生角。」

〔一〕師古曰：「鄉讀曰嚮。次下亦同。」

〔二〕師古曰：「高紀云『六年春，以故東陽郡、鄣郡、吳郡五十三縣立劉賈爲荊王』。十二年十月詔曰：『吳，古之建國，日者荊王兼有其地，今死無後，朕欲復立吳王。』長沙王臣等請立沛侯爲吳王。而荊燕吳傳云：『荊王劉賈爲黥布所殺，無後，上患會稽輕悍，無壯王塡之，乃立濞爲吳王，王三郡五十三城。』是則濞之所封，賈本地也，止有三郡，荊燕吳傳與紀（冏）〔同〕矣。今此云四郡，未詳其說。若以賈本不得會稽，濞加一郡者，則不得言五十三城也。」

成帝綏和（三）〔二〕年二月，大廄馬生角，在左耳前，圍長各二寸。是時王莽爲大司馬，害上之萌自此始矣。〔一〕哀帝建平二年，定襄牡馬生駒，三足，隨羣飲食，太守以聞。馬，國之武用，三足，不任用之象也。後侍中董賢年二十二爲大司馬，居上公之位，天下不宗。哀帝暴崩，成帝母王太后召弟子新都侯王莽入，收賢印綬，賢恐，自殺，莽因代之，並誅外家丁、傳。又廢哀帝傅皇后，令自殺，發掘帝祖母傅太后、母丁太后陵，更以庶人葬之。辜及至尊，大臣微弱之禍也。

〔一〕師古曰：「萌，若草木之始生也。」

文公十一年，「敗狄于鹹」。〔一〕穀梁、公羊傳曰，長狄〔二〕兄弟三人，一者之魯，〔三〕一者之齊，〔四〕一者之晉。〔五〕皆殺之，身橫九畮；〔六〕斷其首而載之，眉見於軾。〔七〕何以書？記異也。劉向以爲是時周室衰微，三國爲大，可責者也。天戒若曰，不行禮義，大爲夷狄之行，將至危亡。其後三國皆有篡弒之禍，〔八〕近下人伐上之痾也。劉歆以爲人變，屬黃祥。一曰，屬蠃蟲之孽。一曰，天地之性人爲貴，凡人爲變，皆屬皇極下人伐上之痾云。京房易傳曰：「君暴亂，疾有道，厥妖長狄入國。」又曰：「豐其屋，下獨苦。〔九〕長狄生，世主虜。」

〔一〕師古曰：「鹹，魯地也。」
〔二〕師古曰：「防風之後，漆姓也，國號鄋瞞。鄋音所求反。瞞音莫干反。」
〔三〕師古曰：「僑如也。來伐魯，爲叔孫得臣所獲。」
〔四〕師古曰：「榮如也。齊襄公二年伐齊，爲王子成父所獲。」
〔五〕師古曰：「焚如也。宣十五年，晉滅潞國而獲之。」
〔六〕師古曰：「畮，古畝字。」

〔七〕師古曰：「軾，車前橫木。」

〔八〕師古曰：「謂魯文公薨，襄仲弒惡及視而立宣公；齊連稱、管至父弒襄公而立無知；晉欒書、中行偃弒厲公而立悼公。」

〔九〕師古曰：「豐其屋，易豐卦上六爻辭也。豐，大也。」

史記秦始皇帝二十六年，有大人長五丈，足履六尺，皆夷狄服，凡十二人，見于臨洮。〔一〕天戒若曰，勿大爲夷狄之行，將受其禍。是歲始皇初并六國，反喜以爲瑞，銷天下兵器，作金人十二以象之。遂自賢聖，燔詩書，阬儒士；奢淫暴虐，務欲廣地；南戍五嶺，北築長城以備胡越，〔二〕塹山填谷，西起臨洮，東至遼東，徑數千里。故大人見於臨洮，明禍亂之起。後十四年而秦亡，亡自戍卒陳勝發。

〔一〕師古曰：「隴西之縣也。音吐高反。」

〔二〕師古曰：「五嶺，解在張耳陳餘傳。」

史記魏襄王十三年，魏有女子化爲丈夫。京房易傳曰：「女子化爲丈夫，茲謂陰昌，賤人爲王；丈夫化爲女子，茲謂陰勝，厥咎亡。」一曰，男化爲女，宮刑濫也；〔一〕女化爲男，婦政行也。

〔一〕如淳曰：「宮刑之行大濫也。」

哀帝建平中，豫章有男子化爲女子，嫁爲人婦，生一子。長安陳鳳言此陽變爲陰，將亡繼嗣，自相生之象。一曰，嫁爲人婦生二子〔者〕，將復一世乃絕。

哀帝建平四年四月，山陽方與女子田無嗇生子。〔一〕先未生二月，兒嗁腹中，及生，不舉，葬之陌上，三日，人過聞嗁聲，母掘收養。

〔一〕師古曰：「方與者，山陽之縣也。女子姓田，名無嗇。方與音房豫。」

平帝元始元年二月，朔方廣牧女子趙春病死，〔一〕斂棺積六日，〔二〕出在棺外，自言見夫死父，曰：「年二十七，不當死。」太守譚以聞。京房易傳曰：「『幹父之蠱，有子，考亡咎』。〔三〕子三年不改父道，思慕不皇，亦重見先人之非，〔四〕不則爲私，厥妖人死復生。」一曰，至陰爲陽，下人爲上。

〔一〕師古曰：「廣牧，朔方之縣也。姓趙，名春。」

〔二〕師古曰：「斂音力贍反。棺音工喚反。」

〔三〕韋昭曰：「蠱，事也。子能正父之事，是爲有子，故考不爲咎累。」師古曰：「易蠱卦初六爻辭也。」

〔四〕師古曰：「言父有不善之事，當速改之，若唯思慕而已，無所變易，是重顯先人之非也。一曰，三年之內，但思慕而已，不暇見父之非，故不改也。重音直用反。」

六月，長安女子有生兒，兩頭異頸面相鄉，四臂共匈俱前鄉，〔一〕尻上有目長二寸所。京房易傳曰：「『睽孤，見豕負塗』，〔二〕厥妖人生兩頭。下相攘善，妖亦同。人若六畜首目在下，茲謂亡上，正將變更。凡妖之作，以譴失正，各象其類。二首，下不壹也；足多，所任邪也；足少，下不勝任，或不任下也。凡下體生於上，不敬也；上體生於下，媟瀆也；生非其類，淫亂也；人生而大，上速成也；生而能言，好虛也。羣妖推此類，不改乃成凶也。」

〔一〕師古曰：「鄉讀曰嚮。」

〔二〕師古曰：「易睽卦上九象辭也。睽孤，乖剌之意也。塗，泥也。睽音苦攜反。」

景帝二年九月，膠東下密人年七十餘，生角，角有毛。時膠東、膠西、濟南、齊四（主）〔王〕有舉兵反謀，謀由吳王濞起，連楚、趙，凡七國。下密，縣居四齊之中；〔一〕角，兵象，上鄉者也；〔二〕老人，吳王象也；年七十，七國象也。天戒若曰，人不當生角，猶諸侯不當舉兵以鄉京師也；禍從老人生，七國俱敗云。諸侯不寤，明年吳王先起，諸侯從之，七國俱滅。京房易傳曰：「冢宰專政，厥妖人生角。」

〔一〕師古曰：「四齊即上所云膠東、膠西、濟南、齊也。本皆齊地，故謂之四齊。」

〔二〕師古曰：「鄉讀曰嚮。次下亦同。」

成帝建始三年十月丁未，京師相驚，言大水至。渭水虒上小女陳持弓年九歲，〔一〕走入橫城門，入未央宮尚方掖門，殿門門衞戶者莫見，至句盾禁中而覺得。〔二〕民以水相驚者，陰氣盛也。小女而入宮殿中者，下人將因女寵而居有宮室之象也。名曰持弓，有似周家檿弧之祥。易曰：「弧矢之利，以威天下。」〔三〕是時，帝母王太后弟鳳始爲上將，秉國政，天知其後將威天下而入宮室，故象先見也。其後，王氏兄弟父子五侯秉權，至莽卒篡天下，蓋陳氏之後云。京房易傳曰：「妖言動衆，茲謂不信，路將亡人，司馬死。」

〔一〕師古曰：「虒上，地名也。音斯。」
〔二〕師古曰：「句盾，少府之署。覺得，事覺而見執得也。」
〔三〕師古曰：「下繫之辭也。」

成帝綏和二年八月庚申，鄭通里男子王褒〔一〕衣絳衣小冠，帶劍入北司馬門殿東門，〔二〕上前殿，入非常室中，〔三〕解帷組結佩之，〔四〕招前殿署長業等曰：「天帝令我居此。」業等收縛考問，褒故公車大誰卒，〔五〕病狂易，〔六〕不自知入宮狀，下獄死。是時王莽爲大司馬，哀帝卽位，莽乞骸骨就第，天知其必不退，故因是而見象也。姓名章服甚明，徑上前殿路寢，入室取組而佩之，稱天帝命，然時人莫察。後莽就國，天下冤之，哀帝徵莽還京師。明年帝崩，莽復爲大司馬，因是而篡國。

〔一〕師古曰：「鄭縣之通里。」
〔二〕師古曰：「入北司馬門，又入殿之東門也。」

〔三〕如淳曰：「殿上室名。」

〔四〕師古曰：「組，綬類，所以係帷，又垂以爲飾也。佩帶之。」

〔五〕應劭曰：「在司馬殿門掌讙呵者也。」服虔曰：「衞士之師也，著樊噲冠。」師古曰：「大誰者，主問非常之人，云姓名是誰也。而應氏乃以讙譁爲義，云大讙呵，不當厥理。後之學者輒改此書誰字爲讙，違本文矣。大誰本以誰何稱，因用名官，有大誰長。今此卒者，長所領士卒也。」

〔六〕師古曰：「謂病狂而變易其常也。」

哀帝建平四年正月，民驚走，持稾或棷一枚，〔一〕傳相付與，曰行詔籌。道中相過逢多至千數，或被髮徒踐，〔二〕或夜折關，或踰牆入，或乘車騎奔馳，以置驛傳行，經歷郡國二十六，至京師。其夏，京師郡國民聚會里巷仟佰，設(祭)張博具，〔三〕歌舞祠西王母。又傳書曰：「母告百姓，佩此書者不死。不信我言，視門樞下，當有白髮。」〔四〕至秋止。是時帝祖母傅太后驕，與政事，〔五〕故杜鄴對曰：「春秋災異，以指象爲言語。籌，所以紀數。民，陰，水類也。水以東流爲順走，而西行，反類逆上。象數度放溢，妄以相予，違忤民心之應也。西王母，婦人之稱。博弈，男子之事。於街巷仟佰，明離闑內，〔六〕與疆外。〔七〕臨事盤樂，炕陽之意。白髮，衰年之象，體尊性弱，難理易亂。門，人之所由；樞，其要也。居人之所由，制持其要也。其明甚著。今外家丁、傅並侍帷幄，布於列位，有罪惡者不坐辜罰，亡功能者畢受官爵。皇甫、三桓，詩人所刺，春秋所譏，亡以甚此。〔八〕指象昭昭，以覺聖朝，柰何不應！」後哀帝崩，成帝母王太后臨朝，王莽爲大司馬，誅滅丁、傅。一曰丁、傅所亂者小，此異乃王太后、莽之應云。

〔一〕如淳曰：「椒，麻幹也。」師古曰：「稾，禾稈也，音工老反。椒音鄒，又音側九反。」

〔二〕師古曰：「徒踐，謂(徙)〔徒〕跣也。」

〔三〕師古曰：「博戲之具。」

〔四〕師古曰：「樞，門扇所由開閉者也，音昌于反。」

〔五〕師古曰：「與讀曰豫。」

〔六〕師古曰：「闑，門橛也，音魚列反。」

〔七〕師古曰：「與讀曰預。」

〔八〕師古曰：「皇甫，周卿士之字也。用后嬖寵，而處職位，詩人刺之。事見小雅十月之交篇。」

校勘記

一四四三頁五行　厥風絕經(紀)〔緯〕，　殿、局本都作「緯」。王先謙說，據注文，作「緯」是。

一四四五頁二行　正(書)〔晝〕雷，　景祐、殿本都作「晝」。王先謙說作「晝」是。

一四四五頁一三行　言其始有(成)〔威〕權。　景祐、殿本都作「威」。朱一新說作「威」是。

一四四六頁七行　〔邴〕，鄭祀泰山之邑也。　王先謙說殿本「鄭」作「邴」是。按景祐、局本都作「鄭」，當於「鄭」上補「邴」字，文義方足。

一四六六頁九行　（謂）〔爲〕災孽也。　景祐、殿本都作「爲」。朱一新說作「爲」是。

一四六六頁一二行　左公子（泗）〔泄〕，　景祐、殿本都作「泄」，朱一新說作「泄」是。

一四六七頁七行　時（成）〔文〕公喪制未除。　殿本作「文」，景祐、汲古、局本都誤作「成」。

一四六八頁九行　王心弗（𢦏）〔𢧐〕，　景祐、殿本作「𢧐」。朱一新說作「𢧐」是。

一四五一頁一三行　是歲（二）〔三〕川竭，　景祐、殿本都作「三」。葉德輝說作「三」是。

一四五五頁六行　及齊（威）〔桓〕死，　景祐、殿本都作「桓」。

一四六九頁一〇行　竟讀曰境（也）。　殿本無「也」字。

一四六九頁一一行　迋音君狂〔反〕。　「反」字據景祐本補。

一四六九頁一五行　〔一〕曰，諸畜生非其類，　景祐、殿本都有「一」字。

一四七〇頁一一行　荆燕吳傳與紀（罔）〔同〕矣。　景祐、殿本都作「同」。朱一新說作「同」是。

一四七〇頁一三行　成帝綏和（三）〔二〕年二月，　景祐、殿本都作「二」。

一四七三頁一行　嫁爲人婦生一子〔者〕，　景祐、殿本都有「者」字。

一四七四頁六行　四（主）〔王〕　景祐、殿本都作「王」。朱一新說作「王」是。

一四七六頁九行　設（祭）張博具，　錢大昭說閩本無「祭」字。朱一新說汪本無「祭」字。景祐本亦無。

一四七七頁四行　謂（徙）〔徒〕跣也。　景祐、殿本都作「徒」。王先謙說作「徒」是。

漢書卷二十七下之下

五行志第七下之下

隱公三年「二月己巳，日有食之」。穀梁傳曰，言日不言朔，食晦。公羊傳曰，食二日。董仲舒、劉向以爲其後戎執天子之使，〔一〕鄭獲魯隱，〔二〕滅戴，〔三〕衞、魯、宋咸殺君。〔四〕左氏劉歆以爲正月二日，燕、越之分野也。凡日所躔而有變，則分野之國失政者受之。〔五〕人君能修政，共御厥罰，則災消而福至；〔六〕不能，則災息而禍生。〔七〕故經書災而不記其故，蓋吉凶亡常，隨行而成禍福也。周衰，天子不班朔，〔八〕魯曆不正，置閏不得其月，月大小不得其度。史記(曰)〔日〕食，或言朔而實非朔，或不言朔而實朔，或脫不書朔與日，皆官失之也。京房易傳曰：「亡師茲謂不御，厥異日食，其食也既，並食不一處。誅衆失理，茲謂生叛，厥食既，光散。縱畔茲謂不明，厥食先大雨三日，雨除而寒，寒即食。專祿不封，茲謂不安，厥食既，先日出而黑，光反外燭。〔九〕君臣不通茲謂亡，厥蝕三既。同姓上侵，茲謂誣君，厥食四方有雲，中央無雲，其日大寒。公欲弱主位，茲謂不知，厥食中白青，四方赤，已食地震。諸侯相侵，茲謂不承，厥食三毀三復。君疾善，下謀上，茲謂亂，厥食既，先雨雹，殺走獸。弒君獲位茲謂逆，厥食既，先風雨折木，日赤。內臣外鄉茲謂背，〔一〇〕厥食食且雨，地中鳴。〔一一〕冢宰專政茲謂因，厥食先大風，食時日居雲中，四方亡雲。伯正越職，茲謂分威，〔一二〕厥食日中分。諸侯爭美於上茲謂泰，厥食日傷月，食半，天營而鳴。〔一三〕賦不得茲謂竭，厥食星隨而下。受命之臣專征云試，厥食雖侵光猶明，〔一四〕若文王臣獨誅紂矣。〔一五〕小人順受命者征其君云殺，厥食五色，至大寒隕霜，〔一六〕若紂臣順武王而誅紂矣。〔一七〕諸侯更制茲謂叛，〔一八〕厥食三復三食，食已而風，地動。適讓庶茲謂生欲，〔一九〕厥食日失位，光晻晻，月形見。〔二〇〕酒亡節茲謂荒，厥蝕乍青乍黑乍赤，明日大雨，發霧而寒。」凡食二十占，其形二十有四，改之輒除；不改三年，三年不改六年，六年不改九年。推隱三年之食，貫中央，上下竟而黑，臣弒從中成之形也。後衞州吁弒君而立。

〔一〕師古曰：「凡伯，周大夫也。隱七年，天王使凡伯來聘，戎伐凡伯于楚丘以歸。」

〔二〕師古曰：「公羊傳隱六年春鄭人來渝平。渝平，墮(城)〔成〕也。曰『吾成敗矣，吾與鄭人未有成』。狐壤之戰，隱公獲焉。何以不言戰？諱獲也。」

〔三〕師古曰：「十年秋，宋人、蔡人、衞人伐戴，鄭伯伐取之。戴國，今外黃縣東南戴城是也。讀者多誤為載，故隨室置載州焉。」

〔四〕師古曰：「四年，衞州吁殺其君完。十一年，羽父使賊殺公于寪氏。桓二年春，宋督弑其君與夷。」

〔五〕師古曰：「躔，踐也，音纏。」

〔六〕師古曰：「共讀曰恭。御讀曰禦，又讀如本字。」

〔七〕師古曰：「息謂蕃滋也。」

〔八〕師古曰：「班，布也。」

〔九〕韋昭曰：「中無光，四邊有明外燭。」

〔一〇〕師古曰：「鄉讀曰嚮。」

〔一一〕韋昭曰：「地中有聲如鳴耳，或曰如狗子聲。」

〔一二〕師古曰：「伯讀曰霸。正者，長帥之稱。」

〔一三〕韋昭曰：「食半，謂食望也。」臣瓚曰：「月食半，謂食月之半也。月食常以望，不爲異也。」

〔一四〕師古曰：「試，用也，自擅意也。一說試與弑同，謂欲弑君。」

〔一五〕韋昭曰：「是時紂臣尚未欲誅紂，獨文王之臣欲誅之。」

〔一六〕師古曰：「殺亦讀曰弑。」

〔一七〕韋昭曰：「紂惡益甚，其臣欲順武王而誅紂。」

〔一八〕師古曰：「更，改也。」

〔一九〕師古曰：「適讀曰嫡。」

〔二〇〕師古曰：「晻音烏感反。見音胡電反。」

桓公三年「七月壬辰朔，日有食之，既」。董仲舒、劉向以爲前事已大，後事將至者又大，則既。先是魯、宋弒君，魯又成宋亂，易許田，亡事天子之心；楚僭稱王。後鄭岠王師，射桓王，〔一〕又二君相篡。〔二〕劉歆以爲六月，趙與晉分。〔三〕先是，晉曲沃伯再弒晉侯，〔四〕是歲晉大亂，〔五〕滅其宗國。〔六〕京房易傳以爲桓三年日食貫中央，上下竟而黃，臣弒而不卒之形也。後楚嚴稱王，兼地千里。〔七〕

〔一〕師古曰：「並已解於上。」
〔二〕師古曰：「謂厲公奔蔡而昭公入，高渠彌殺昭公而立子亹。」
〔三〕晉灼曰：「周之六月，今之四月，始去畢而入參。參，晉分也。畢，趙也。日行去趙遠，入晉分多，故曰與。計二十八宿，分其次，度其月，及所屬，下皆以爲例。」
〔四〕師古曰：「曲沃伯，本桓叔成師之封號也，其後遂繼襲焉。魯惠公三十年，大夫潘父殺昭侯而納成師，不克，晉人立孝侯。惠之四十五年，成師之子曲沃莊伯伐翼，殺孝侯也。」
〔五〕師古曰：「桓三年，莊伯之子曲沃武公伐翼，逐翼侯于汾隰，夜獲而殺之。」
〔六〕師古曰：「桓八年，曲沃武公滅翼，遂并其國。」
〔七〕師古曰：「楚武王荆尸久已見傳，今此言莊始稱王，未詳其說。」

十七年「十月朔，日有食之」。穀梁傳曰，言朔不言日，食二日也。劉向以爲是時衞侯朔有罪出奔齊，〔一〕天子更立衞君。〔二〕朔藉助五國，舉兵伐之而自立，王命遂壞。〔三〕魯夫人淫失於齊，卒殺威公。〔四〕董仲舒以爲言朔不言日，惡魯桓且有夫人之禍，將不終日也。劉歆以爲楚、鄭分。

〔一〕師古曰：「朔，衛惠公也。桓十六年經書『衛侯朔出奔齊』。公羊傳曰『得罪乎天子』，穀梁傳曰『天子召而不往也』。」

〔二〕師古曰：「謂公子黔牟。」

〔三〕師古曰：「莊五年冬，公會齊人、宋人、陳人、蔡人伐衛。莊六年春，王人子突救衛，夏，衛侯朔入，放公子黔牟于周，是也。」

〔四〕師古曰：「失讀曰佚。」

嚴公十八年「三月，日有食之」。穀梁傳曰，不言日，不言朔，夜食。〔一〕史推合朔在夜，明旦日食而出，出而解，〔二〕是爲夜食。劉向以爲夜食者，陰因日明之衰而奪其光，象周天子不明，齊桓將奪其威，專會諸侯而行伯道。〔三〕其後遂九合諸侯，〔四〕天子使世子會之，〔五〕此其效也。公羊傳曰食晦。董仲舒以爲宿在東壁，魯象也。後公子慶父、叔牙果通於夫人以劫公。劉歆以爲晦魯、衛分。

〔一〕張晏曰：「日夜食，則無景。立六尺木不見其景，以此爲候。」

〔二〕孟康曰：「夜食地中，出而止。」

〔三〕師古曰：「伯讀曰霸。」

〔四〕師古曰：「解在郊祀志。」

〔五〕師古曰：「僖五年，齊侯、宋公、陳侯、衞侯、鄭伯、許男、曹伯會王太子于首止是。」

二十五年「六月辛未朔，日有食之」。董仲舒以爲宿在畢，主邊兵夷狄象也。後狄滅邢、衞。〔一〕劉歆以爲五月二日魯、趙分。

〔一〕師古曰：「春秋閔元年狄伐邢，二年狄滅衞，其後並爲齊所立，而邢遷于夷儀，衞遷于楚丘。」

二十六年「十二月癸亥朔，日有食之」。董仲舒以爲宿在心，心爲明堂，文武之道廢，中國不絕若綫之象也。〔一〕劉向以爲時戎侵曹，〔二〕魯夫人淫於慶父、叔牙，將以弒君，故比年再蝕以見戒。〔三〕劉歆以爲十月二日楚、鄭分。

〔一〕師古曰：「綫，縷也，音先箭反。」

〔二〕師古曰：「事在莊二十四年。」

〔三〕師古曰：「比，頻也。見，顯也。」

三十年「九月庚午朔，日有食之」。董仲舒、劉向以爲後魯二君弒，〔一〕夫人誅，〔二〕兩弟死，〔三〕狄滅邢，〔四〕徐取舒，〔五〕晉殺世子，〔六〕楚滅弦。〔七〕劉歆以爲八月秦、周分。

〔一〕師古曰：「謂子般爲圉人所殺，閔公爲卜齮所殺也。」

〔二〕師古曰：「哀姜爲齊人所殺。」

〔三〕師古曰：「謂叔牙及慶父也。」

〔四〕師古曰：「已解於上。」

〔五〕師古曰：「僖三年，徐人取舒。舒，國名也，在廬江舒縣也。」

〔六〕師古曰：「僖五年，晉侯殺其太子申生。」

〔七〕師古曰：「僖五年，楚人滅弦。弦，國名也，在弋陽。」

僖公五年「九月戊申朔，日有食之」。董仲舒、劉向以爲先是齊桓行伯，江、黃自至，〔一〕南服彊楚。〔二〕其後不內自正，而外執陳大夫，則陳、楚不附，〔三〕鄭伯逃盟，〔四〕諸侯將不從桓政，故天見戒。其後晉滅虢，〔五〕楚(國)〔圍〕許，諸侯伐鄭，〔六〕晉弒二君，〔七〕狄滅溫，〔八〕楚伐黃，〔九〕桓不能救。劉歆以爲七月秦、晉分。

〔一〕師古曰：「伯讀曰霸。江、黃，二國名也。僖二年，齊侯、宋公、江人、黃人盟于貫。傳曰『服江、黃也』。江國在汝南安陽縣，黃國在弋陽縣。」

〔二〕師古曰：「僖四年，齊侯以諸侯之師侵蔡，遂伐楚，盟于邵陵。」

〔三〕師古曰：「邵陵盟後，以陳轅濤塗爲誤軍而執之，陳不服罪，故伐之。楚自是不復通。」

〔四〕師古曰：「僖五年秋，齊侯與諸侯盟于首止，鄭伯逃歸不盟。」

〔五〕師古曰：「事在僖五年。」

〔六〕師古曰：「事並在僖六年。」

〔七〕師古曰：「謂里克弒奚齊及卓子。」

〔八〕師古曰：「溫，周邑也。僖十年，狄滅之。」

〔九〕師古曰：「僖十一年，黃不歸楚貢，故伐之。」

十二年「三月庚午(朔)，日有食之」。董仲舒、劉向以爲是時楚滅黃，〔一〕狄侵衞、鄭，〔二〕莒滅杞。〔三〕劉歆以爲三月齊、衞分。

〔一〕師古曰：「事在十二年夏。」
〔二〕師古曰：「僖十三年狄侵衞，十四年狄侵鄭。」
〔三〕師古曰：「僖十四年諸侯城緣陵。公羊傳曰：『曷爲城？杞滅也。孰滅之？蓋徐、莒也。』」

十五年「五月，日有食之」。劉向以爲象晉文公將行伯道，〔一〕後遂伐衞，執曹伯，敗楚城濮，〔二〕再會諸侯，〔三〕召天王而朝之，〔四〕此其效也。日食者臣之惡也，夜食者掩其罪也，以爲上亡明王，桓、文能行伯道，攘夷狄，安中國，〔五〕雖不正猶可，蓋春秋實與而文不與之義也。董仲舒以爲後秦獲晉侯，〔六〕齊滅項，〔七〕楚敗徐于婁林。〔八〕劉歆以爲二月朔齊、越分。

〔一〕師古曰：「伯讀曰霸。」
〔二〕師古曰：「事並在二十八年。」
〔三〕師古曰：「二十八年五月盟于踐土，冬會于溫。」
〔四〕師古曰：「晉侯不欲就朝王，故召王使來。經書『天王狩于河陽』。」
〔五〕師古曰：「伯讀曰霸。攘，卻也。」
〔六〕師古曰：「晉侯，夷吾也。僖十五年十一月，晉侯及秦伯戰于韓，秦獲晉侯以歸也。」

〔七〕師古曰：「事在公羊傳僖十七年。項國，今項城縣是也。」

〔八〕師古曰：「事在僖十五年冬。婁林，徐地。」

文公元年「二月癸亥，日有食之」。董仲舒、劉向以爲先是大夫始執國政，〔一〕公子遂如京師，〔二〕後楚世子商臣殺父，齊公子商人弑君，皆自立，〔三〕宋子哀出奔，〔四〕晉滅江，〔五〕楚滅六，〔六〕大夫公孫敖、叔彭生並專會盟。〔七〕劉歆以爲正月朔燕、越分。

〔一〕師古曰：「謂東門襄仲也。」

〔二〕師古曰：「事在僖三十年，報宰周公之聘。」

〔三〕師古曰：「已解於上。」

〔四〕師古曰：「宋子哀，宋卿高哀也。不義宋公，而來奔魯。事在文十四年。」

〔五〕師古曰：「春秋文四年『楚人滅江』，今此云晉，未詳其說。」

〔六〕師古曰：「六，國名也，在廬江六縣。文五年楚人滅之。」

〔七〕師古曰：「文七年冬公孫敖如莒莅盟，十一年叔彭生會郤缺于承匡。公孫敖，孟穆伯；叔彭生，叔仲惠伯也。」

十五年「六月辛丑朔，日有食之」。董仲舒、劉向以爲後宋、齊、莒、晉、鄭八年之間五君殺死，〔一〕（夷）〔楚〕滅舒蓼。劉歆以爲四月二日魯、衞分。

〔一〕師古曰：「文十六年宋弑其君杵臼，十八年夏齊人弑其君商人，冬莒弑其君庶其，宣二年晉趙盾弑其君夷皋，四年鄭公子歸生弑其君夷也。」

宣公八年「七月甲子，日有食之，既」。董仲舒、劉向以爲先是楚商臣弑父而立，至于嚴王遂彊。諸夏大國唯有齊、晉，齊、晉新有篡弑之禍，內皆未安，故楚乘弱橫行，八年之間六侵伐而一滅國；〔一〕伐陸渾戎，觀兵周室；〔二〕後又入鄭，鄭伯肉袒謝罪；北敗晉師于邲，流血色水；〔三〕圍宋九月，析骸而炊之。〔四〕劉歆以爲十月二日楚、鄭分。

〔一〕師古曰：「六侵伐者，謂宣元年侵陳，三年侵鄭，四年伐鄭，五年伐鄭，六年伐鄭，八年伐陳也。一滅國者，謂八年滅舒蓼也。」

〔二〕師古曰：「宣三年『楚子伐陸渾之戎，遂至于洛，觀兵于周疆』。觀兵者，示威武也。」

〔三〕師古曰：「事並在十二年。邲，鄭地。色水，謂血流入水而變水之色也。邲音蒲必反。」

〔四〕師古曰：「事在十五年。炊，爨也。言無薪樵，示困之甚也。」

十年「四月丙辰，日有食之」。董仲舒、劉向以爲後陳夏徵舒弑其君，〔一〕楚滅蕭，〔二〕晉滅二國，〔三〕王札子殺召伯、毛伯。〔四〕劉歆以爲二月魯、衞分。

〔一〕師古曰：「弑靈公也。事在十年。」

〔二〕師古曰：「蕭，宋附庸國也。事在十二年。」

〔三〕師古曰：「謂十五年滅赤狄潞氏，十六年滅赤狄甲氏。」

〔四〕師古曰：「事在十五年。」

十七年「六月癸卯，日有食之」。董仲舒、劉向以爲後邾支解鄫子，〔一〕晉敗王師于貿

戎，〔二〕敗齊于鞌。〔三〕劉歆以爲三月晦朓魯、衞分。〔四〕

〔一〕師古曰：「十八年，邾人戕鄫子于鄫，支解而節斷之，謂解其四支，斷其骨節。」

〔二〕師古曰：「事在成元年。」

〔三〕師古曰：「事在成二年。」

〔四〕服虔曰：「朓，相覜也。日晦食爲朓。」臣瓚曰：「志云晦而月見西方曰朓，以此名之，非日食晦之名也。」師古曰：「朓音佗了反。」

成公十六年「六月丙寅朔，日有食之」。董仲舒、劉向以爲後晉敗楚、鄭于鄢陵，〔一〕執魯侯。〔二〕劉歆以爲四月二日魯、衞分。

〔一〕師古曰：「事在十六年。鄢陵，鄭地。」

〔二〕師古曰：「已解於上。」

十七年「十二月丁巳朔，日有食之」。董仲舒、劉向以爲後楚滅舒庸，〔一〕晉弒其君，〔二〕宋魚石因楚奪君邑，〔三〕莒滅鄫，齊滅萊，〔四〕鄭伯弒死。〔五〕劉歆以爲九月周、楚分。

〔一〕師古曰：「事在十七年日食之後。舒庸，蓋羣舒之一種，楚與國也。」

〔二〕師古曰：「謂厲公也。事在十八年。」

〔三〕師古曰：「魚石，宋大夫也，十五年出奔楚，至十八年楚伐宋，取彭城而納之。」

〔四〕師古曰：「事並在襄六年。鄫、萊皆小國。」

〔五〕師古曰：「鄭僖公也，襄七年會于鄬，其大夫子駟使賊夜殺之，而以虐疾赴。鄬音蔿。」

襄公十四年「二月乙未朔，日有食之」。董仲舒、劉向以爲後衞大夫孫、甯共逐獻公，立孫剽。〔一〕劉歆以爲前年十二月二日宋、燕分。

〔一〕孟康曰：「剽音瞟。」師古曰：「孫林父、甯殖逐獻公，襄十四年四月出奔齊，而立剽。剽，穆公之孫也。剽又音匹妙反。」

十五年「八月丁巳〔朔〕，日有食之」。董仲舒、劉向以爲先是晉爲雞澤之會，諸侯盟，又大夫盟，後爲溴梁之會，諸侯在而大夫獨相與盟，〔一〕君若綴斿，不得舉手。〔二〕劉歆以爲五月二日魯、趙分。

〔一〕師古曰：「並已解於上。」

〔二〕應劭曰：「斿，旌旗之流，隨風動搖也。」師古曰：「言爲下所執，隨人東西也。」

二十年「十月丙辰朔，日有食之」。董仲舒以爲陳慶虎、慶寅蔽君之明，〔一〕邾庶其有叛心，〔二〕後庶其以漆、閭丘來奔，〔三〕陳殺二慶。〔四〕劉歆以爲八月秦、周分。

〔一〕師古曰：「二慶，並陳大夫也。襄二十年，陳侯之弟黃出奔楚，將出，呼於國曰：『慶氏無道，求專陳國，暴蔑其君，而去其親，五年不滅，是無天也。』」

〔二〕師古曰：「庶其，邾大夫。」

〔三〕師古曰：「事在二十一年。漆及閭丘，邾之二邑。」

〔四〕師古曰：「二十三年，陳侯如楚，公子黃訴二慶。楚人召之，慶氏以陳叛楚，屈建從陳侯圍陳，遂殺二慶也。」

二十一年「九月庚戌朔，日有食之」。董仲舒以爲晉欒盈將犯君，後入于曲沃。〔一〕劉歆以爲七月秦、晉分。

〔一〕師古曰：「已解於上。」

「十月庚辰朔，日有食之」。董仲舒以爲宿在軫、角，楚大國象也。後楚屈氏譖殺公子追舒，〔一〕齊慶封脅君亂國。〔二〕劉歆以爲八月秦、周分。

〔一〕師古曰：「公子追舒，楚令尹子南也。二十二年，楚殺之。」

〔二〕師古曰：「慶封，齊大夫也。二十七年，使盧蒲嫳帥甲攻崔氏，殺成及彊，盡俘其家。崔杼縊而死，自是慶封當國，專執政也。」

二十三年「二月癸酉朔，日有食之」。董仲舒以爲後衞侯入陳儀，〔一〕甯喜弒其君剽。〔二〕劉歆以爲前年十二月二日宋、燕分。

〔一〕師古曰：「衞侯衎也，前爲孫、甯所逐，二十五年入于陳儀。陳儀，衞邑。左傳云夷儀。」

〔二〕師古曰：「二十六年，甯喜殺剽，而衎入于衞。甯喜，殖子也。」

二十四年「七月甲子朔，日有食之，既」。劉歆以爲五月魯、趙分。「八月癸巳朔，日有食之」。董仲舒以爲比食又既，〔一〕象陽將絕，〔二〕夷狄主上國之象也。後六君弒，〔三〕楚子果從諸侯伐鄭，〔四〕滅舒鳩，〔五〕魯往朝之，〔六〕卒主中國，〔七〕伐吳討慶封。〔八〕劉歆以爲六月晉、趙分。

〔一〕師古曰：「比，頻也。」

〔二〕孟康曰：「陽，君也。」

〔三〕師古曰：「謂二十五年齊崔杼殺其君光，二十六年衞甯喜弒其君剽，二十九年閽殺吳子餘祭，三十年蔡太子班弒其君固，三十一年莒人弒其君密州，昭元年楚令尹子圍入問王疾，縊而殺之。」

〔四〕師古曰：「二十四年冬，楚子、蔡侯、陳侯、許男伐鄭。」

〔五〕師古曰：「二十五年，楚屈建帥師滅舒鳩。舒鳩亦羣舒一種。」

〔六〕師古曰：「二十八年，公如楚。」

〔七〕師古曰：「謂楚靈王以昭四年與諸侯會于申。」

〔八〕師古曰：「慶封以二十八年爲慶舍之難自齊出奔魯，遂奔吳。至申之會，楚靈王伐吳，執慶封而殺之。」

二十七年「十二月乙亥朔，日有食之」。董仲舒以爲禮義將大滅絕之象也。時吳子好勇，使刑人守門；〔一〕蔡侯通於世子之妻；〔二〕莒不早立嗣。〔三〕後閽戕吳子，〔四〕蔡世子般弒其父，莒人亦弒君而庶子爭。〔五〕劉向以爲自二十年至此歲，八年間日食七作，禍亂將重起，〔六〕故天仍見戒也。〔七〕後齊崔杼弒君，〔八〕宋殺世子，〔九〕北燕伯出奔，〔一〇〕鄭大夫自外入而篡位，〔一一〕指略如董仲舒。劉歆以爲九月周、楚分。

〔一〕師古曰：「吳子即餘祭也。刑人，閽者。」
〔二〕師古曰：「即蔡侯固，爲太子所殺者也。」
〔三〕師古曰：「即密州也，生去疾及展輿，既立展輿又廢之。」
〔四〕師古曰：「戕，傷也。它國臣來弒君曰戕。音牆。」
〔五〕師古曰：「展輿因國人攻其父而殺之。展輿即位，去疾奔齊。明年去疾入而展輿出奔吳。並非嫡嗣，故云庶子爭。」
〔六〕師古曰：「重音直用反。」
〔七〕師古曰：「仍，頻也。」
〔八〕師古曰：「已解於上。」
〔九〕師古曰：「宋平公太子痤也。事在二十六年。」
〔一〇〕孟康曰：「有南燕，故言北燕，南燕姞姓，北燕姬姓也。」師古曰：「昭三年『北燕伯款出奔齊』。」
〔一一〕師古曰：「謂伯有也。已解於上。」

昭公七年「四月甲辰朔，日有食之」。董仲舒、劉向以爲先是楚靈王弒君而立，會諸侯，〔一〕執徐子，滅賴，〔二〕後陳公子招殺世子，〔三〕楚因而滅之，〔四〕又滅蔡，〔五〕後靈王亦弒死。〔六〕劉歆以爲二月魯、衞分。傳曰晉侯問於士文伯曰：「誰將當日食？」〔七〕對曰：「魯、衞惡之，衞大魯小。」公曰：「何故？」對曰：「去衞地，如魯地，於是有災，其衞君乎？魯將上卿。」

是歲，八月衞襄公卒，十一月魯季孫宿卒。晉侯謂士文伯曰：「吾所問日食從矣，可常乎？」〔八〕對曰：「不可。六物不同，民心不壹，事序不類，官職不則，同始異終，胡可常也？詩曰：『或宴宴居息，或盡顇事國。』」〔九〕其異終也如是。」公曰：「何謂六物？」對曰：「歲、時、日、月、星、辰是謂。」公曰：「何謂辰？」對曰：「日月之會是謂。」公曰：「詩所謂『此日而食，于何不臧』，何也？」〔一〇〕對曰：「不善政之謂也。國無政，不用善，則自取適于日月之災。〔一一〕故政不可不慎也，務三而已：一曰擇人，二曰因民，三曰從時。」此推日食之占循變復之要也。易曰：「縣象著明，莫大於日月。」〔一二〕是故聖人重之，載于三經。〔一三〕於易在豐之震曰：「豐其沛，日中見昧，折其右肱，亡咎。」〔一四〕於詩十月之交，則著卿士、司徒，下至趣馬、師氏，咸非其材。〔一五〕同於右肱之所折，協於三務之所擇，明小人乘君子，陰侵陽之原也。

〔一〕師古曰：「已解於上。」

〔二〕師古曰：「申之會，楚人執徐子，遂滅賴。」

〔三〕師古曰：「招，成公子，哀公弟也。昭八年，經書『陳侯之弟招殺陳太子偃師』。偃師即哀公之子也。招音韶。」

〔四〕師古曰：「偃師之死，哀公縊。其九月，楚公子棄疾奉偃師之子孫吳圍陳，遂滅之。」

〔五〕師古曰：「十一年，楚師滅蔡也。執太子有以歸，用之。」

〔六〕師古曰：「十三年，楚公子比弒其君虔于乾谿是也。」

〔七〕師古曰：「士文伯，晉大夫伯瑕。」

〔八〕師古曰：「從，謂如士文伯之言也。可常，謂常可以此占之（下）〔不〕。」

〔九〕如淳曰：「顇，古悴字也。」師古曰：「小雅北山之詩也。宴宴，安息之貌也。盡悴，言盡力而悴病也。」

〔10〕師古曰：「小雅十月之交之詩也。臧，善也。」

〔11〕師古曰：「適讀曰謫。」

〔12〕師古曰：「上繫之辭也。」

〔13〕師古曰：「謂易、詩、春秋。」

〔14〕服虔曰：「日中而昏也。」師古曰：「此豐卦九三爻辭也，言遇此災，則當退去右肱之臣，乃免咎。」

〔15〕師古曰：「十月之交詩曰：『皇父卿士，番維司徒。棸維趣馬，㨾維師氏，豔妻煽方處。』司徒，地官卿也，掌邦教。趣馬，中士也，掌王馬之政。師氏，中大夫也，掌司朝得失之事。番、棸、㨾，皆氏也。美色曰豔。豔妻，褒姒也。豔或作閻，閻亦嬖妾之姓也。煽，熾也。詩人刺王淫於色，故皇父之徒皆用后寵而處職位，不以德選也。趣音千后反。棸音居衞反。㨾音居禹反。番音扶元反。」

十五年「六月丁巳朔，日有食之」。劉歆以爲三月魯、衞分。

十七年「六月甲戌朔，日有食之」。董仲舒以爲時宿在畢，晉國象也。晉厲公誅四大夫，失衆心，以弑死。〔一〕後莫敢復責大夫，六卿遂相與比周，專晉國，君還事之。〔二〕日比再食，其事在春秋後，故不載於經。劉歆以爲魯、趙分。左氏傳平子曰：〔三〕「唯正月朔，慝未作，日有食之，於是乎天子不舉，伐鼓於社，諸侯用幣於社，伐鼓於朝，禮也。其餘則否。」太史曰：「在此月也，日過分而未至，三辰有災，百官降物，君不舉，避移時，樂奏鼓，祝用幣，史用辭，嗇夫馳，庶人走，此月朔之謂也。當夏四月，是謂孟夏。」說曰：正月謂周六月，夏四月，正陽純乾之月也。慝謂陰爻也，冬至陽爻起初，故曰復。至建巳之月爲純乾，亡陰爻，而陰侵陽，爲災重，故伐鼓用幣，責陰之禮。降物，素服也。不舉，去樂也。避移時，避正堂，須時移災復也。嗇夫，掌幣吏。庶人，其徒役也。劉歆以爲六月二日魯、趙分。

〔一〕師古曰：「四大夫，謂三郤及胥童也。胥童非厲公所誅，以導亂而死，故總書四大夫。厲公竟爲欒書、中行偃所殺。」

〔二〕師古曰：「六卿謂范氏、中行氏、智氏、韓、魏、趙也。」

〔三〕師古曰：「季平子。」

二十一年「七月壬午朔，日有食之」。董仲舒以爲周景王老，劉子、單子專權，〔一〕蔡侯朱驕，君臣不說之象也。〔二〕後蔡侯朱果出奔，〔三〕劉子、單子立王猛。劉歆以爲五月二日魯、趙分。

〔一〕師古曰：「已解於上。」

〔二〕師古曰：「蔡侯朱，蔡平公之子。說讀曰悅。」

〔三〕師古曰：「昭二十一年出奔楚。」

二十二年「十二月癸酉朔，日有食之」。董仲舒以爲宿在心，天子之象也。後尹氏立王子朝天王居于狄泉。〔一〕劉歆以爲十月楚、鄭分。

〔一〕師古曰：「天王，敬王也，避子朝之難，故居狄泉。」

二十四年「五月乙未朔，日有食之」。董仲舒以爲宿在胃，魯象也。後昭公爲季氏所逐。劉向以爲自十五年至此歲，十年間天戒七見，人君猶不寤。後楚殺戎蠻子，〔一〕晉滅陸渾戎，〔二〕盜殺衞侯兄，〔三〕蔡、莒之君出奔，〔四〕吳滅巢，〔五〕公子光殺王僚，〔六〕宋三臣以邑叛其君。〔七〕它如仲舒。劉歆以爲二日魯、趙分。是月斗建辰。左氏傳梓慎曰：「將大水。」〔八〕昭子曰：「旱也。〔九〕日過分而陽猶不克，克必甚，能無旱乎！〔一〇〕陽不克，莫將積聚也。」〔一一〕是歲秋，大雩，旱也。二至二分，日有食之，不爲災。日月之行也，春秋分日夜等，故同道；冬夏至長短極，故相過。相過同道而食輕，不爲大災，水旱而已。

〔一〕師古曰：「昭十六年楚子誘戎蠻子殺之。戎蠻國在河南新城縣。」
〔二〕師古曰：「十七年晉荀吳帥師滅陸渾之戎。其地今陸渾縣是也。」
〔三〕師古曰：「衞靈公兄也，名縶，二十年爲齊豹所殺。以豹不義，故貶稱盜，所謂求名而不得。」
〔四〕師古曰：「蔡君，即朱也。莒君，莒子庚與也。二十三年出奔魯。」
〔五〕師古曰：「二十四年吳滅巢。巢，吳、楚間小國，即居巢城是也。」
〔六〕師古曰：「事在二十七年。」
〔七〕師古曰：「二十一年，宋華亥、向寧、華定入于宋南里以叛是也。」

〔八〕師古曰：「梓愼，魯大夫。」

〔九〕師古曰：「叔孫昭子。」

〔一〇〕孟康曰：「謂春分後陰多陽少，爲不克。陽勝則盛，故言甚。」

〔一一〕蘇林曰：「莫，莫爾不勝，爲積聚也。」

三十一年「十二月辛亥朔，日有食之」。董仲舒以爲宿在心，天子象也。時京師微弱，後諸侯果相率而城周，〔一〕宋中幾亡尊天子之心，而不衰城。〔二〕劉向以爲時吳滅徐，〔三〕而蔡滅沈，〔四〕楚圍蔡，吳敗楚入郢，昭王走出。〔五〕劉歆以爲二日宋、燕分。

〔一〕師古曰：「定元年，晉魏舒合諸侯之大夫于狄泉以城周是也。」

〔二〕師古曰：「中幾，宋大夫。衰城，謂以差次受功賦也。衰音初爲反。一曰，衰讀曰蓑。蓑城，謂以草覆城也。蓑音先和反。中讀曰仲。」

〔三〕師古曰：「事在昭三十年。」

〔四〕師古曰：「定四年蔡公孫姓帥師滅沈。」

〔五〕師古曰：「事並在定四年。」

定公五年「三月辛亥朔，日有食之」。董仲舒、劉向以爲後鄭滅許，〔一〕魯陽虎作亂，竊寶玉大弓，季桓子退仲尼，宋三臣以邑叛。〔二〕劉歆以爲正月二日燕、趙分。

〔一〕師古曰：「六年鄭游速帥師滅許，以許男斯歸。」

〔三〕師古曰：「已解於上。」

十二年「十一月丙寅朔，日有食之」。董仲舒、劉向以爲後晉三大夫以邑叛，薛弒其君，〔一〕楚滅頓、胡，〔二〕越敗吳，〔三〕衞逐世子。〔四〕劉歆以爲十二月二日楚、鄭分。

〔一〕師古曰：「十三年，晉趙鞅入于晉陽以叛，荀寅、士吉射入朝歌以叛，薛殺其君比。」
〔二〕師古曰：「十四年，楚公子結帥師滅頓，以頓子牂歸。十五年，楚人滅胡，以胡子豹歸。」
〔三〕師古曰：「十四年五月於越敗吳于檇李是也。檇音醉。」
〔四〕師古曰：「十四年，衞太子蒯聵出奔宋。」

十五年「八月庚辰朔，日有食之」。董仲舒以爲宿在柳，周室大壞，夷狄主諸夏之象也。明年，中國諸侯果累累從楚而圍蔡，〔一〕蔡恐，遷于州來。〔二〕晉人執戎蠻子歸于楚，〔三〕京師楚也。〔四〕劉向以爲盜殺蔡侯，〔五〕齊陳乞弒其君而立陽生，〔六〕孔子終不用。劉歆以爲六月晉、趙分。

〔一〕師古曰：「哀元年楚子、陳侯、隨侯、許男圍蔡是也。累讀曰纍。纍，不絕之貌。」
〔二〕師古曰：「哀二年十一月，蔡遷于州來。州來，楚邑，今下蔡縣是。」
〔三〕師古曰：「哀公四年，晉人執戎蠻子赤歸于楚。」
〔四〕師古曰：「言以楚爲京師。」
〔五〕師古曰：「哀四年，蔡公孫翩殺蔡侯申。翩非大夫，故賤之而書盜。」

〔六〕師古曰：「哀六年齊陳乞弒其君荼。荼即景公之子也。陽生，荼之兄，即悼公也。荼音塗。」

哀公十四年「五月庚申朔，日有食之」。在獲麟後。劉歆以爲三月二日齊、衞分。

凡春秋十二公，二百四十二年，日食三十六。穀梁以爲朔二十六，晦七，夜二，二日一。公羊以爲朔二十七，二日七，晦二。左氏以爲朔十六，二日十八，晦一，不書日者二。

高帝三年十月甲戌晦，日有食之，在斗二十度，燕地也。後二年，燕王臧荼反，誅，立盧綰爲燕王，後又反，敗。

十一月癸卯晦，日有食之，在虛三度，齊地也。後二年，齊王韓信徙爲楚王，明年廢爲列侯，後又反，誅。

九年六月乙未晦，日有食之，既，在張十三度。

惠帝七年正月辛丑朔，日有食之，在危十三度。谷永以爲歲首正月朔日，是爲三朝，尊者惡之。

五月丁卯，先晦一日，日有食之，幾盡，〔一〕在七星初。劉向以爲五月微陰始起而犯至陽，其占重。至其八月，宮車晏駕，有呂氏詐置嗣君之害。京房易傳曰：「凡日食不以晦朔者，名曰薄。人君誅將不以理，或賊臣將暴起，日月雖不同宿，陰氣盛，薄日光也。」

〔一〕師古曰：「幾音鉅依反。後皆類此。」

高后二年六月丙戌晦，日有食之。

七年正月己丑晦，日有食之，既，在營室九度，爲宮室中。時高后惡之，曰：「此爲我也！」明年應。〔一〕

〔一〕師古曰：「謂高后崩也。」

文帝二年十一月癸卯晦，日有食之，在婺女一度。

三年十月丁酉晦，日有食之，在斗二十(三)〔二〕度。

十一月丁卯晦，日有食之，在虛八度。

後四年四月丙辰晦，日有食之，在東井十三度。

七年正月辛未朔，日有食之。

景帝三年二月壬午晦，日有食之，在胃二度。

七年十一月庚寅晦，日有食之，在虛九度。

中元年十二月甲寅晦，日有食之。

中二年九月甲戌晦，日有食之。

三年九月戊戌晦，日有食之，幾盡，在尾九度。

六年七月辛亥晦，日有食之，在軫七度。

後元年七月乙巳，先晦一日，日有食之，在翼十七度。

武帝建元二年二月丙戌朔，日有食之，在奎十四度。劉向以爲奎爲卑賤婦人，後有衞皇后自至微興，卒有不終之害。〔一〕

〔一〕師古曰：「皇后自殺，不終其位也。」

三年九月丙子晦，日有食之，在尾二度。

五年正月己巳朔，日有食之。

元光元年二月丙辰晦，日有食之。

七月癸未，先晦一日，日有食之，在翼八度。劉向以爲前年高園便殿災，與春秋御廩災後日食於翼、軫同。其占，內有女變，外爲諸侯。其後陳皇后廢，江都、淮南、衡山王謀反，誅。日中時食從東北，過半，晡時復。

元朔二年二月乙巳晦，日有食之，在胃三度。

六年十一月癸丑晦，日有食之。

元狩元年五月乙巳晦，日有食之，在柳六度。京房易傳推以爲是時日食從旁右，法曰君失臣。明年丞相公孫弘薨。日食從旁左者，亦君失臣；從上者，臣失君；從下者，君失民。

元鼎五年四月丁丑晦，日有食之，在東井二十三度。

元封四年六月己酉朔，日有食之。

太始元年正月乙巳晦，日有食之。

四年十月甲寅晦，日有食之，在斗十九度。

征和四年八月辛酉晦，日有食之，不盡如鉤，在亢二度。晡時食從西北，日下晡時復。

昭帝始元三年十一月壬辰朔，日有食之，在斗九度，燕地也。後四年，燕剌王謀反，誅。

元鳳元年七月己亥晦，日有食之，幾盡，在張十二度。劉向以爲己亥而既，其占重。〔一〕後六年，宮車晏駕，卒以亡嗣。

〔一〕孟康曰：「己，土；亥，水也。純陰，故食爲最重也。日食盡爲既。」

宣帝地節元年十二月癸亥晦，日有食之，在營室十五度。

五鳳元年十二月乙酉朔，日有食之，在婺女十度。

四年四月辛丑朔，日有食之，在畢十九度。是爲正月朔，慝未作，左氏以爲重異。

元帝永光二年三月壬戌朔，日有食之，在婁八度。

四年六月戊寅晦，日有食之，在張七度。

建昭五年六月壬申晦，日有食之，不盡如鉤，因入。

成帝建始三年十二月戊申朔，日有食之，其夜未央殿中地震。谷永對曰：「日食婺女九度，占在皇后。地震蕭牆之內，咎在貴妾。〔一〕二者俱發，明同事異人，共掩制陽，將害繼嗣也。亶日食，則妾不見；〔二〕亶地震，則后不見。異日而發，則似殊事；亡故動變，則恐不知。是月后妾當有失節之郵，〔三〕故天因此兩見其變。若曰，違失婦道，隔遠衆妾，〔四〕妨絕繼嗣者，此二人也。」杜欽對亦曰：「日以戊申食，時加未。戊未，土也，中宮之部。其夜殿中地震，此必適妾將有爭寵相害而爲患者。〔五〕人事失於下，變象見於上。能應之〔司〕〔以〕德，則咎異消；忽而不戒，則禍敗至。〔六〕應之，非誠不立，非信不行。」

〔一〕師古曰：「蕭牆，謂門屏也。蕭，肅也，人臣至此，加肅敬也。」

〔二〕師古曰：「亶讀曰但。下例並同。」

〔三〕師古曰：「郵與尤同。尤，過也。」

〔四〕師古曰：「遠音于萬反。」

〔五〕師古曰：「適讀曰嫡。」

〔六〕師古曰：「忽，怠忘。」

河平元年四月己亥晦，日有食之，不盡如鉤，在東井六度。劉向對曰：「四月交於五月，月同孝惠，日同孝昭。東井，京師地，且既，其占恐害繼嗣。」日蚤食時，從西南起。

三年八月乙卯晦，日有食之，在房。

四年三月癸丑朔，日有食之，在昴。

陽朔元年二月丁未晦，日有食之，在胃。

永始元年九月丁巳晦，日有食之。谷永以京房易占對曰：「元年九月日蝕，酒亡節之所致也。獨使京師知之，四國不見者，若曰，湛湎于酒，君臣不別，禍在內也。」〔一〕

〔一〕師古曰：「湛讀曰沈，又讀曰耽也。」

永始二年二月乙酉晦，日有食之。谷永以京房易占對曰：「今年二月日食，賦斂不得度，民愁怨之所致也。所以使四方皆見，京師陰蔽者，若曰，人君好治宮室，大營墳墓，賦斂茲重，而百姓屈竭，〔一〕禍在外也。」

〔一〕師古曰：「茲，益也。屈，盡也，音其勿反。」

三年正月己卯晦，日有食之。

四年七月辛未晦，日有食之。

元延元年正月己亥朔，日有食之。

哀帝元壽元年正月辛丑朔，日有食之，不盡如鉤，在營室十度，與惠帝七年同月日。

二年三月壬辰晦，日有食之。

平帝元始元年五月丁巳朔，日有食之，在東井。

二年九月戊申晦，日有食之，既。

凡漢著紀十二世，二百一十二年，日食五十三，朔十四，晦三十六，先晦一日三。

成帝建始元年八月戊午，晨漏未盡三刻，有兩月重見。京房易傳曰：「『婦貞厲，月幾望，君子征，凶。』〔一〕言君弱而婦彊，爲陰所乘，則月並出。晦而月見西方謂之朓，朔而月見東方謂之仄慝，〔二〕仄慝則侯王其肅，朓則侯王其舒。」劉向以爲朓者疾也，君舒緩則臣驕慢，故日行遲而月行疾也。仄慝者不進之意，君肅急則臣恐懼，故日行疾而月行遲，不敢迫近君也。不舒不急，以正失之者，食朔日。劉歆以爲舒者侯王展意顓事，臣下促急，故月行疾也。肅者王侯縮朒不任事，〔三〕臣下弛縱，故月行遲也。〔四〕當春秋時，侯王率多縮朒不任事，故食二日仄慝者十八，食晦日朓者一，此其效也。考之漢家，食晦朓者三十六，終亡二日仄慝者，歆說信矣。此皆謂日月亂行者也。

〔一〕師古曰：「小畜上九爻辭也。幾音鉅依反。」

〔二〕孟康曰：「朓者，月行疾在日前，故早見。仄慝者，行遲在日後，當沒而更見。」師古曰：「朓音吐了反。」

〔三〕服虔曰：「朒音忸怩之忸。」鄭氏曰：「不任事之貌也。」師古曰：「朒音女六反。」

〔四〕師古曰：「弛，放也，音式爾反。」

元帝永光元年四月，日色青白，亡景，〔一〕正中時有景亡光。〔二〕是夏寒，至九月，日乃有光。京房易傳曰：「美不上人，茲謂上弱，厥異日白，七日不溫。順亡所制茲謂弱，〔三〕日白六十日，物亡霜而死。天子親伐，茲謂不知，日白，體動而寒。弱而有任，茲謂不亡，日白不溫，明不動。辟（譖）〔僭〕公行，茲謂不伸，〔四〕厥異日黑，大風起，天無雲，日光晻。〔五〕不難上政，茲謂見過，日黑居仄，大如彈丸。」

〔一〕韋昭曰：「日下無景也。無景，謂唯質見耳。」

〔二〕韋昭曰：「無光曜也。」

〔三〕孟康曰：「君順從於臣下，無所能制。」

〔四〕孟康曰：「辟，君也。有過而公行之。」

〔五〕師古曰：「晻與闇同也。」

成帝河平元年正月壬寅朔，日月俱在營室，時日出赤。二月癸未，日朝赤，且入又赤，夜月赤。甲申，日出赤如血，亡光，漏上四刻半，乃頗有光，燭地赤黃，食後乃復。京房易傳曰：「辟不聞道茲謂亡，厥異日赤。」三月乙未，日出黃，有黑氣大如錢，居日中央。京房易傳曰：「祭天不順茲謂逆，厥異日赤，其中黑。聞善不予，茲謂失知，厥異日黃。」夫大人者，與天地合其德，與日月合其明，故聖王在上，總命羣賢，以亮天功，〔一〕則日之光明，五色備具，燭燿亡主；有主則爲異，應行而變也。色不虛改，形不虛毀，觀日之五變，足以監矣。故曰「縣象著明，莫大乎日月」，此之謂也。

〔一〕師古曰：「虞書舜典帝曰：『咨，二十有二人，欽哉，惟時亮天功。』謂敕六官、十二牧、四嶽，令各敬其職事，信定其功，順天道也。故志引之。」

嚴公七年「四月辛卯夜，恆星不見，夜中星隕如雨」。董仲舒、劉向以爲常星二十八宿者，人君之象也；衆星，萬民之類也。列宿不見，象諸侯微也；衆星隕墜，民失其所也。夜中者，爲中國也。不及地而復，象齊桓起而救存之也。鄉亡桓公，星遂至地，中國其良絕矣。〔一〕劉向以爲夜中者，言不得終性命，中道敗也。或曰象其叛也，言當中道叛其上也。天垂象以視下，〔二〕將欲人君防惡遠非，愼卑省微，以自全安也。〔三〕如人君有賢明之材，畏天威命，若高宗謀祖己，〔四〕成王泣金縢，〔五〕改過修正，立信布德，存亡繼絕，修廢舉逸，下學而上達，〔六〕裁什一之稅，復三日之役，〔七〕節用儉服，以惠百姓，則諸侯懷德，士民歸仁，災消而福興矣。遂莫肯改寤，法則古人，而各行其私意，終於君臣乖離，上下交怨。自是之後，齊、宋之君弑，〔八〕譚、遂、邢、衞之國滅，〔九〕宿遷於宋，〔一〇〕蔡獲於楚，〔一一〕晉相弑殺，五世乃定，〔一二〕此其效也。左氏傳曰：「恆星不見，夜明也；星隕如雨，與雨偕也。」劉歆以爲晝象中國，夜象夷狄。夜明，故常見之星皆不見，象中國微也。「星隕如雨」，如，而也，星隕而且雨，故曰「與雨偕也」，明雨與星隕，兩變相成也。洪範曰：「庶民惟星。」易曰：「雷雨作，解。」〔一三〕是歲歲在玄枵，齊分壄也。夜中而星隕，象庶民中離上也。雨以解過施，復從上下，象齊桓行伯，〔一四〕復興周室也。周四月，夏二月也，日在降婁，魯分壄也。先是，衞侯朔奔齊，衞公子黔牟立，齊帥諸侯伐之，天子使使救衞。〔一五〕魯公子溺專政，會齊以犯王命，〔一六〕嚴弗能止，卒從而伐衞，逐天王所立。〔一七〕不義至甚，而自以爲功。(名)〔民〕去其上，政繇下作，〔一八〕尤著，故星隕於魯，天事常象也。

〔一〕師古曰：「鄉讀曰嚮。中國，中夏之國也。良猶信也。」

〔二〕師古曰：「視讀曰示。」

〔三〕師古曰：「遠，離也。省，視。」

〔四〕師古曰：「謂殷之武丁有雊雉之異，而祖己訓諸王，作高宗肜日高宗之訓。」

〔五〕師古曰：「武王有疾，周公作金縢之書爲王請命，王翌日乃瘳。後武王崩，成王即位，管、蔡流言，而周公居東。天大雷電以風，禾盡偃，大木斯拔。王啟金縢，乃得周公代武王之說，王執書以泣，遣使者逆公。王出郊，天乃雨，反風，禾則盡起。」

〔六〕師古曰：「下學，謂博謀於羣下也。上達，謂通於天道而畏威。」
〔七〕師古曰：「古之田租，十稅其一，一歲役兆庶不過三日也。」
〔八〕師古曰：「莊八年齊無知弒其君諸兒，十二年宋萬弒其君捷也。」
〔九〕師古曰：「十年齊侯滅譚，十三年齊人滅遂，閔二年狄人入衞，僖二十五年衞侯燬滅邢。」
〔一〇〕師古曰：「莊十年宋人遷宿，蓋取其地也。宿國，東平無鹽縣是。」
〔一一〕師古曰：「莊十年荆敗蔡師于莘，以蔡侯獻舞歸也。」
〔一二〕師古曰：「謂殺奚齊、卓子及懷公也。自獻公以至文公反國，凡易五君乃定。」
〔一三〕師古曰：「解卦象辭也。」
〔一四〕師古曰：「伯讀曰霸。」
〔一五〕師古曰：「已解於上。」
〔一六〕師古曰：「溺，魯大夫名也。莊三年，『溺會齊師伐衞』，疾其專命，故貶而去族。天子救衞，而溺伐之，故云犯王命。」
〔一七〕師古曰：「謂放黔牟也。」
〔一八〕師古曰：「繇讀與由同。次下亦同。」

成帝永始二年二月癸未，夜過中，星隕如雨，長一二丈，繹繹未至地滅，〔一〕至雞鳴止。谷永對曰：「日月星辰燭臨下土，其有食隕之異，則遐邇幽隱靡不咸睹。星辰附離于天，猶庶民附離王者也。王者失道，綱紀廢頓，下將叛去，故星叛天而隕，以見其象。春秋記異，星隕最大，自魯嚴以來，至今再見。臣聞三代所以喪亡者，皆繇婦人羣小，湛湎於酒。〔二〕書云：『乃用其婦人之言，四方之逋逃多罪，是信是使。』〔三〕詩曰：『赫赫宗周，褒姒威之。』〔四〕『顛覆厥德，荒沈于酒。』〔五〕及秦所以二世而亡者，養生大奢，奉終大厚。方今國家兼而有之，社稷宗廟之大憂也。」京房易傳曰：「君不任賢，厥妖天雨星。」

〔一〕師古曰：「繹繹，光采貌。」

〔二〕師古曰：「湛讀曰沈，又讀曰耽。其下亦同。」

〔三〕師古曰：「周書泰誓也。言紂惑於妲己，而昵近亡逃罪人，信用之。」

〔四〕師古曰：「小雅正月之詩也。已解於上。威音許悅反。」

〔五〕師古曰：「大雅抑之詩也。刺王傾敗其德，荒廢政事而耽酒。」

文公十四年「七月，有星孛入于北斗」。董仲舒以爲孛者惡氣之所生也。謂之孛者，言其孛孛有所妨蔽，闇亂不明之貌也。北斗，大國象。後齊、宋、魯、莒、晉皆弒君。〔一〕劉向以爲君臣亂於朝，政令虧於外，則上濁三光之精，五星贏縮，變色逆行，甚則爲孛。北斗，人君象；孛星，亂臣類，篡殺之表也。星傳曰「魁者，貴人之牢」。又曰「孛星見北斗中，大臣諸侯有受誅者」。一曰魁爲齊、晉。夫彗星較然在北斗中，天之視人顯矣，〔二〕史之有占明矣，時君終不改寤。是後，宋、魯、莒、晉、鄭、陳六國咸弒其君，〔三〕齊再弒焉。〔四〕中國既亂，夷狄並侵，兵革從橫，楚乘威席勝，深入諸夏，〔五〕六侵伐，〔六〕一滅國，〔七〕觀兵周室。〔八〕晉外滅二國，〔九〕內敗王師，〔一〇〕又連三國之兵大敗齊師于鞌，〔一一〕追亡逐北，東臨海水，〔一二〕威陵京師，武折大齊。皆孛星炎之所及，流至二十八年。〔一三〕星傳又曰：「彗星入北斗，有大戰。其流入北斗中，得名人；〔一四〕不入，失名人。」宋華元，賢名大夫，大棘之戰，華元獲於鄭，〔一五〕傳舉其效云。左氏傳曰有星孛北斗，周史服曰：「不出七年，宋、齊、晉之君皆將死亂。」〔一六〕劉歆以爲北斗有環域，四星入其中也。斗，天之三辰，綱紀星也。宋、齊、晉，天子方伯，中國綱紀。彗所以除舊布新也。斗七星，故曰不出七年。至十六年，宋人弒昭公；〔一七〕十八年，齊人弒懿公；〔一八〕宣公二年，晉趙穿弒靈公。

〔一〕師古曰：「文十四年齊公子商人弒其君舍，十六年宋人弒其君杵臼，十八年襄仲殺惡及視，莒弒其君庶其，宣二年晉趙穿攻靈公於桃園。」

〔二〕師古曰：「視讀曰示。」

〔三〕師古曰：「宋、魯、莒、晉已解於上。宣四年鄭公子歸生弒其君夷，十年陳夏徵舒弒其君平國。」

〔四〕師古曰：「再弒者，謂（向）〔商〕人殺舍，而閻職等又殺（向）〔商〕人。」

〔五〕師古曰：「謂邲戰之後。」

〔六〕師古曰：「謂宣十二年春楚子圍鄭，夏與晉師戰于邲，晉師敗績，十三年楚子伐宋，十四年楚子圍宋，成二年楚師侵衞，遂侵魯師于蜀，成六年楚公子嬰齊帥師伐鄭。」

〔七〕師古曰：「謂宣十二年楚子滅蕭。」

〔八〕師古曰：「已解於上。」

〔九〕師古曰：「謂宣十五年晉滅赤狄潞氏，十六年滅赤狄甲氏也。」

〔一〇〕師古曰：「謂成元年晉敗王師于貿戎是也。」

〔一一〕師古曰：「謂成二年晉郤克會魯季孫行父、衞孫良夫、曹公子首及齊侯戰于鞌，齊師敗績。鞌，齊地。」

〔一二〕師古曰：「謂逐之三周華不注，又從之入自丘輿，擊馬陘，東至海濱也。」

〔一三〕師古曰：「炎音弋贍反。其下並同。」

〔一四〕孟康曰：「謂得名臣也。」

〔一五〕師古曰：「宣二年宋華元帥師及鄭公子歸生戰于大棘，宋師敗績，獲華元。大棘，宋地。」

〔一六〕師古曰：「史服，周內史叔服也。」

〔一七〕師古曰：「即杵臼。」

〔一八〕師古曰：「即商人。」

昭公十七年「冬，有星孛于大辰」。董仲舒以爲大辰心也，心(在)〔爲〕明堂，天子之象。後王室大亂，三王分爭，此其效也。〔一〕劉向以爲星傳曰「心，大星，天王也。其前星，太子；後星，庶子也。尾爲君臣乖離。」孛星加心，象天子適庶將分爭也。〔二〕其在諸侯，角、亢、氐，陳、鄭也；房、心，宋也。後五年，周景王崩，王室亂，大夫劉子、單子立王猛，尹氏、召伯、毛伯立子鼂。子鼂，楚出也。〔三〕時楚彊，宋、衞、陳、鄭皆南附楚。王猛既卒，敬王即位，子鼂入王城，天王居狄泉，莫之敢納。五年，楚平王居卒，子鼂奔楚，王室乃定。後楚帥六國伐吳，吳敗之于雞父，殺獲其君臣。〔四〕蔡怨楚而滅沈，楚怒，圍蔡。吳人救之，遂爲柏舉之戰，敗楚師，屠郢都，妻昭王母，鞭平王墓。〔五〕此皆孛彗流炎所及之效也。左氏傳曰：「有星孛于大辰，西及漢。申繻曰：『彗，所以除舊布新也，〔六〕天事恆象。今除於火，火出必布焉。諸侯其有火災乎？』梓慎曰：『往年吾見，是其徵也。火出而見，今茲火出而章，必火入而伏，其居火也久矣，其與不然乎？火出，於夏爲三月，於商爲四月，於周爲五月。夏數得天，若火作，其四國當之，在宋、衞、陳、鄭乎？宋，大辰之虛；陳，太昊之虛；鄭，祝融之虛：〔七〕皆火房也。星孛及漢；漢，水祥也。衞，顓頊之虛，其星爲大水。水，火之牡也。〔八〕其以丙子若壬午作乎？水火所以合也。若火入而伏，必以壬午，不過見之月。』」明年「夏五月，火始昏見，丙子風。梓慎曰：『是謂融風，火之始也。〔九〕七日其火作乎？』〔一〇〕戊寅風甚，壬午太甚，〔一一〕宋、衞、陳、鄭皆火。」劉歆以爲大辰，房、心、尾也，八月心星在西方，孛從其西過心東及漢也。宋，大辰虛，謂宋先祖掌祀大辰星也。陳，太昊虛，虙羲木德，〔一二〕火所生也。鄭，祝融虛，高辛氏火正也。故皆爲火所舍。衞，顓頊虛，星爲大水，營室也。天星既然，又四國失政相似，及爲王室亂皆同。

〔一〕師古曰：「三王，已解於上。」

〔二〕師古曰：「適讀曰嫡。」

〔三〕師古曰：「姊妹之子曰出。」

〔四〕師古曰：「昭二十三年，楚薳越帥師，及頓、胡、沈、蔡、陳、許之師與吳師戰于雞父，楚師敗績。胡子髡、沈子逞滅，獲陳大夫夏齧。雞父，楚地也。父讀曰甫。」

〔五〕師古曰：「沈，楚之與國。定四年四月，蔡公孫姓帥師滅沈，以沈子嘉歸。秋，楚爲沈故圍蔡。冬，吳興師以救之，與楚戰于柏舉，楚師敗績。庚辰，吳入郢，君舍乎君室，大夫舍乎大夫室，妻楚王之母，撻平王之墓也。」

〔六〕師古曰：「申繻，魯大夫。」

〔七〕師古曰：「虛讀皆曰墟。其下並同。」

〔八〕張晏曰：「水以天一爲地二牡。丙與午，南方火也，子及壬，北方水也，又其配合。」

〔九〕張晏曰：「融風，立春木風也，火之母也，火所始生也。淮南子曰『東北曰炎風』。高誘以爲艮氣所生也。炎風一曰融風。」

〔一〇〕張晏曰：「自丙子至壬午凡七日，既其配合之日，又火以七爲紀。」

〔一一〕師古曰：「太甚者，又更甚也。」

〔一二〕師古曰：「虙讀與伏同。」

哀公十三年「冬十一月，有星孛于東方」。董仲舒、劉向以爲不言宿名者，不加宿也。〔一〕

以辰乘日而出，亂氣蔽君明也。明年，春秋事終。一曰，周之十一月，夏九月，日在氐。出東方者，軫、角、亢也。軫，楚；角、亢，陳、鄭也。或曰角、亢大國象，爲齊、晉也。其後楚滅陳，〔二〕田氏篡齊，〔三〕六卿分晉，〔四〕此其效也。劉歆以爲孛，東方大辰也，不言大辰，旦而見與日爭光，星入而彗猶見。是歲再失閏，十一月實八月也。日在鶉火，周分野也。十四年冬，「有星孛」，在獲麟後。劉歆以爲不言所在，官失之也。

〔一〕孟康曰：「不在二十八宿之中也。」

〔二〕師古曰：「襄十七年楚公孫朝帥師滅陳也。」

〔三〕師古曰：「齊平公十三年，春秋之傳終矣。平公二十五年卒。卒後七十年而康公爲田和所滅。」

〔四〕師古曰：「晉出公八年，春秋之傳終矣。出公十七年卒。卒後八十年，至靜公爲韓、魏、趙所滅，而三分其地。蓋晉之衰也，六卿擅權，其後范氏、中行氏、智氏滅，而韓、魏、趙兼其土田人衆，故總言六卿分晉也。」

高帝三年七月，有星孛于大角，旬餘乃入。劉向以爲是時項羽爲楚王，伯諸侯，〔一〕而漢已定三秦，與羽相距滎陽，天下歸心於漢，楚將滅，故彗除王位也。一曰，項羽阬秦卒，燒宮室，弒義帝，亂王位，故彗加之也。

〔一〕師古曰：「伯讀曰霸。」

文帝後七年九月，有星孛于西方，其本直尾、箕，末指虛、危，長丈餘，及天漢，十六日不見。劉向以爲尾宋地，今楚彭城也。箕爲燕，又爲吳、越、齊。宿在漢中，負海之國水澤地也。是時景帝新立，信用鼂錯，將誅正諸侯王，其象先見。後三年，吳、楚、四齊與趙七國舉兵反，〔一〕皆誅滅云。

〔一〕師古曰：「四齊，膠東、膠西、菑川、濟南也。」

武帝建元六年六月，有星孛于北方。劉向以爲明年淮南王安入朝，與太尉武安侯田蚡有邪謀，而陳皇后驕恣，其後陳后廢，而淮南王反，誅。

八月，長星出于東方，長終天，三十日去。占曰：「是爲蚩尤旗，見則王者征伐四方。」其後兵誅四夷，連數十年。

元狩四年四月，長星又出西北，是時伐胡尤甚。

元封元年五月，有星孛于東井，又孛于三台。其後江充作亂，京師紛然。此明東井、三台爲秦地效也。

宣帝地節元年正月，有星孛于西方，去太白二丈所。劉向以爲太白爲大將，彗孛加之，掃滅象也。明年，大將軍霍光薨，後二年家夷滅。

成帝建始元年正月，有星孛于營室，青白色，長六七丈，廣尺餘。劉向、谷永以爲營室爲後宮懷任之象，彗星加之，將有害懷任絕繼嗣者。一曰，後宮將受害也。其後許皇后坐祝詛後宮懷任者廢。趙皇后立妹爲昭儀，害兩皇子，上遂無嗣。趙后姊妹卒皆伏辜。

元延元年七月辛未，有星孛于東井，踐五諸侯，〔一〕出河戍北率行軒轅、太微，後日六度有餘，晨出東方。十三日夕見西方，犯次妃、長秋、斗、填，蠭炎再貫紫宮中。大火當後，達天河，除於妃后之域。南逝度犯大角、攝提，至天市而按節徐行，〔二〕炎入市，中旬而後西去，五十六日與倉龍俱伏。谷永對曰：「上古以來，大亂之極，所希有也。察其馳騁驟步，芒炎或長或短，所歷奸犯，〔三〕內爲後宮女妾之害，外爲諸夏叛逆之禍。」劉向亦曰：「三代之亡，攝提易方；秦、項之滅，星孛大角。」是歲，趙昭儀害兩皇子。後五年，成帝崩，昭儀自殺。哀帝卽位，趙氏皆免官爵，徙遼西。哀帝亡嗣。平帝卽位，王莽用事，追廢成帝趙皇后、哀帝傅皇后，皆自殺。外家丁、傅皆免官爵，徙合浦，歸故郡。平帝亡嗣，莽遂篡國。

〔一〕孟康曰：「五諸侯，星名。」
〔二〕服虔曰：「謂行遲。」
〔三〕師古曰：「奸音干。」

釐公十六年「正月戊申朔，隕石于宋，五，是月六鶂退飛過宋都」。董仲舒、劉向以爲象宋襄公欲行伯道將自敗之戒也。〔一〕石陰類，五陽數，自上而隕，此陰而陽行，欲高反下也。石與金同類，色以白爲主，近白祥也。鶂水鳥，六陰數，退飛，欲進反退也。其色青，青祥也，屬於貌之不恭。天戒若曰，德薄國小，勿持炕陽，欲長諸侯，與彊大爭，必受其害。襄公不寤，明年齊威死，伐齊喪，〔二〕執滕子，圍曹，〔三〕爲盂之會，與楚爭盟，卒爲所執。後得反國，〔四〕不悔過自責，復會諸侯伐鄭，與楚戰于泓，軍敗身傷，爲諸侯笑。〔五〕左氏傳曰：隕石，星也；鶂退飛，風也。宋襄公以問周內史叔興曰：「是何祥也？吉凶何在？」對曰：「今茲魯多大喪，明年齊有亂，〔六〕君將得諸侯而不終。」退而告人曰：「是陰陽之事，非吉凶之所生也。吉凶繇人，吾不敢逆君故也。」〔七〕是歲，魯公子季友、鄫季姬、公孫茲皆卒。〔八〕明年齊威死，適庶亂。〔九〕宋襄公伐齊行伯，卒爲楚所敗。〔一〇〕劉歆以爲是歲歲在壽星，其衝降婁。〔一一〕降婁，魯分壄也，故爲魯多大喪。正月，日在星紀，厭在玄枵。玄枵，齊分壄也。石，山物；齊，大嶽後。〔一二〕五石象齊威卒而五公子作亂，〔一三〕故爲明年齊有亂。庶民惟星，隕於宋，象宋襄將得諸侯之衆，而治五公子之亂。星隕而鶂退飛，故爲得諸侯而不終。六鶂象後六年伯業始退，執於盂也。〔一四〕民反德爲亂，亂則妖災生，言吉凶繇人，然后陰陽衝厭受其咎。齊、魯之災非君所致，故曰「吾不敢逆君故也」。京房易傳曰：「距諫自彊，茲謂卻行，厥異鶂退飛。適當黜，則鶂退飛。」〔一五〕

〔一〕師古曰：「伯讀曰霸。」

〔二〕師古曰：「僖十七年齊桓公卒，十八年宋襄公以諸侯伐齊。」

〔三〕師古曰：「十九年三月，宋人執滕子嬰齊，秋，宋人圍曹。」

〔四〕師古曰：「二十一年春，爲鹿上之盟。秋，會于盂。於是楚執宋公以伐宋，冬，會于薄以釋之。鹿上、盂、薄，皆宋地。」

〔五〕師古曰：「二十二年夏，宋公、衞侯、許男、滕子伐鄭。十一月，宋公及楚人戰於泓，宋師敗績，公傷股，門官殲焉。二十三年卒，傷於泓故也。泓，水名也，音於宏反。」

〔六〕師古曰：「今茲謂此年。」

〔七〕師古曰：「繇讀與由同。」

〔八〕師古曰：「僖十六年三月公子季友卒，四月季姬卒，七月公孫茲卒。季姬，魯女適鄫者也。公孫茲，叔孫戴伯也。」

〔九〕師古曰：「適讀曰嫡。」

〔一〇〕師古曰：「已解於上，伯讀曰霸。」

〔一一〕師古曰：「降音胡江反。」

〔一二〕師古曰：「齊，姜姓也，其先爲堯之四嶽，四嶽分掌四方諸侯。」

〔一三〕師古曰：「五公子，謂無虧也，元也，昭也，潘也，商人也。」

〔一四〕師古曰：「伯讀曰霸。」

〔一五〕師古曰：「適讀曰嫡。」

惠帝三年，隕石緜諸，一。〔一〕

〔一〕師古曰：「緜諸，道也，屬天水郡也。」

武帝征和四年二月丁酉，隕石雍，二，天晏亡雲，聲聞四百里。〔一〕

〔一〕師古曰：「雍，扶風之縣也。晏，天淸也。」

元帝建昭元年正月戊辰，隕石梁國，六。

成帝建始四年正月癸卯，隕石槀，四，肥纍，一。〔一〕

〔一〕孟康曰：「皆縣名也，故屬眞定。」師古曰：「槀音工老反。纍音力追反。」

陽朔三年二月壬戌，隕石白馬，八。〔一〕

〔一〕師古曰：「東郡之縣名。」

鴻嘉二年五月癸未，隕石杜衍，三。〔一〕

〔一〕師古曰：「南陽之縣名。」

元延四年三月，隕石都關，二。〔一〕

〔一〕師古曰：「山陽之縣名。」

哀帝建平元年正月丁未，隕石北地，十。其九月甲辰，隕石虞，二。〔一〕

〔一〕師古曰：「梁國之縣名。」

平帝元始二年六月，隕石鉅鹿，二。

自惠盡平，隕石凡十一，皆有光燿雷聲，成、哀尤屢。

校勘記

一四七九頁八行　史記（曰）〔日〕食，殿本作「日」。王先謙說作「日」是。

一四八〇頁一三行　渝平，墮（城）〔成〕也。景祐、殿、局本都作「成」。朱一新說「成」字是。

一四八五頁六行　楚（國）〔圍〕許，景祐、殿、局本都作「圍」。朱一新說作「圍」是。

一四八六頁二行　三月庚午（朔），王引之說「朔」衍字，檢左氏、公羊、穀梁皆無「朔」字。

一四八七頁一四行　（夷）〔楚〕滅舒蓼。景祐、殿本都作「楚」。

一四九〇頁六行　十五年八月丁巳〔朔〕，錢大昭說閩本有「朔」字。按景祐本有。

一四九五頁一行　謂常可以此占之（下）〔不〕。景祐、殿本都作「不」。

一五〇一頁六行　在斗二十（三）〔二〕度。錢大昭說閩本作「二」。按景祐本作「二」。

一五〇四頁六行　能應之（司）〔以〕德，景祐、殿、局本都作「以」。

一五〇七頁五行　辟（僭）〔僁〕公行，楊樹達說「僭」當作「僁」，僁與愆同。按各本皆誤。

一五〇九頁八行　（名）〔民〕去其上，景祐、殿本都作「民」，此誤。

一五一三頁一四行　（向）〔商〕人　景祐、殿本都作「商」。王先謙說作「商」是。

一五一三頁一四行　心（在）〔爲〕明堂，景祐、殿本都作「爲」。王先謙說作「爲」是。